지 장 경

지 장 경

청운 스님

꿈의날개

차 례

- 지장계청_7

제1품 도리천궁에서 신통을 나타내는 품_9

제2품 분신을 모으는 품_33

제3품 중생의 업연을 살피는 품_41

제4품 염부제 중생이 업보 받는 품_52

제5품 지옥의 이름을 말하는 품_76

제6품 부처님이 찬탄하시는 품_85

제7품 죽은 사람도 산 사람도 이익되는 품_104

제8품 염라왕들을 찬탄하시는 품_116

제9품 부처님 명호를 일컫는 품_135

제10품 보시한 공덕을 비교하는 품_145

제11품 지신이 법을 옹호하는 품_156

제12품 보고 들어 얻는 이익된 품_163

제13품 사람과 하늘을 부촉하는 품_187

- 연명지장경(延命地藏經)_199

정구업진언

수리수리 마하수리 수수리 사바하 (세번)
봉청청제재금강 봉청벽독금강
봉청황수구금강 봉청백정수금강
봉청적성화금강 봉청정제재금강
봉청자현신금강 봉청대신력금강
봉청금강권보살 봉청금강색보살
봉청금강애보살 봉청금강어보살

개경게

가장높고 미묘하고
깊고깊은 부처님법
백천만겁 지나도록
만나보기 어려워라
나는이제 다행히도
듣고보고 지니오니
바라건대 부처님의
진실한뜻 깨치리라

개법장진언

옴 아라남 아라다 (세번)

제1품
도리천궁에서 신통을 나타내는 품

내가 이렇게 들었다.

한때 부처님이 도리천에 계시면서 어머니를 위하여 설법하고 계셨다.

그때 시방의 한량없는 세계에서 말로 다할 수도 없는 그 모든 부처님과 큰 보살마하살이 모두 다 법회에 모여서 찬탄하셨다.

"석가모니 부처님은 능히 오탁악세(五濁惡世)에서 불가사의한 큰 지혜와 신통력을 나투사, 억세고 거친 중생을 조복하여 고락(苦樂)의 법을 알게 하신다."

그리고 각기 시자를 보내시어 부처님께 문안을 드렸다.

이때 부처님이 웃음을 머금으시고 백천만억의 큰 광명의 구름을 놓으시니, 이른바 대원만광명운, 대자비광명운, 대지혜광명운, 대반야광명운, 대삼매광명운, 대길상광명운, 대복덕광명운, 대공덕광명운, 대귀의광명운, 대찬탄광명운이었다.

이와 같이 가히 말할 수도 없는 광명

의 구름을 놓으시고는, 또 여러 가지 미묘한 음성을 내시니, 이른바 보시바라밀음, 지계바라밀음, 인욕바라밀음, 정진바라밀음, 선정바라밀음, 지혜바라밀음, 자비음, 희사음, 해탈음, 무루음, 지혜음, 대지혜음, 사자후음, 대사자후음, 운뢰음, 대운뢰음이었다.

이와 같이 가히 말할 수도 없는 음성을 내시니, 사바세계와 타방 국토에 있는 무량억 수의 천·룡·귀신들도 도리천궁으로 모여들었다.

이를테면 사천왕천(四天王天), 도리천(忉利天), 수염마천, 도솔타천, 화락천, 타화자재천, 범중천, 범보천, 대범천, 소광천, 무량광천, 광음천, 소정천, 무량정천, 변정천, 복생천, 복애천, 광과천, 엄식천, 무량엄식천, 엄식과실천, 무상천, 무번천, 무열천, 선견천, 선현천, 색구경천, 마혜수라천, 내지 비상비비상처천의 온갖 하늘 무리며 용의 무리며 귀신 무리 등이 모두 법회에 모여들었다.

그 뿐만 아니라, 또 타방 국토와 사바 세계에 있는 해신(海神), 강신(江神), 하신(河神), 수신(水神), 산신(山神), 지신(地神), 천택신(天澤神), 묘가신(苗稼神), 주신(晝神), 야신(夜神), 공신(空神), 천신(天神), 음식신(飮食神), 초목신(草木神) 따위의 신들도 모두 법회에 모여들었다.

또한 타방 국토와 사바세계의 모든 큰 귀왕(鬼王)들이, 이른바 악목귀왕, 담혈귀왕, 담정기귀왕, 담태란귀왕, 행병귀왕, 섭독귀왕, 자심귀왕, 복리귀왕, 대애경귀왕 같은 이런 귀왕들도 모두 다 법회에 모여들었다.

이때 석가모니 부처님께서 문수사리법왕자보살마하살에게 말씀하셨다.

"그대는 저 모든 불·보살과 천·룡·귀신들을 보았는가? 이 세계와 다른 세계에서, 이 국토와 다른 국토에서 이렇듯이 지금 이 도리천궁에 모여든 자의 수효를 그대는 알겠는가?"

문수보살이 부처님께 아뢰었다.

"세존이시여! 저의 신력으로는 설사 천 겁을 헤아려도 능히 알지 못하겠나이다."

부처님이 문수보살에게 말씀하셨다.

"내가 불안(佛眼)으로 관찰하여도 오히려 그 수를 다 헤아리지 못하겠구나. 그들은 모두 다 지장보살이 오랜 겁을 지내면서 이미 제도하였고, 지금 제도하고, 앞으로 제도할 자들이며, 또 이미 성취시켰으며, 지금 성취시키고, 앞으로 성취시킬 자들이니라."

문수보살이 부처님께 아뢰었다.

"세존이시여! 저는 이미 과거세에 오랜 동안 선근을 닦아 걸림 없는 지혜를 얻었으므로 부처님이 말씀하시는 바를 듣고는 바로 믿어져 지닐 수 있사오나, 작은 과를 얻은 성문(聲聞)이나 천·룡·팔부(八部)와 미래세의 모든 중생들은 비록 부처님의 성실한 말씀을 들어도 반드시 의혹을 품을 것이오며, 설사 받아들였더라도 다시 비방하게 됨을 면치 못할 것이옵니다.

세존이시여! 지장보살마하살은 처음 수행할 적에 어떤 행을 닦았으며 어떤 원을 세웠기에 능히 이런 부사의한 일을 성취하나이까? 좀 자세히 말씀하여 주소서."

부처님이 문수보살에게 말씀하셨다.

"비유하자면, 삼천대천(三千大千) 세계에 있는 수풀, 벼, 삼, 대, 산의 돌과 티끌의 낱낱을 세어서 그 수만큼의 항하가 있다 하고, 이 항하의 모든 모래 수만큼의 세계가 있어서, 그토록 많은 세계안의 티끌 수대로 겁(劫)을 삼아, 이 모든 겁에 쌓인 티끌 수를 모두 다 또 겁으로 치더라도, 지장보살이 십지과위(十地果位)를 증득하여 지나 온 것은 위에 든 비유보다 천 배나 더 많거늘, 하물며 성문이나 벽지불지에 있었던 동안이겠느냐?

문수보살이여! 이 보살의 위신력과 서원은 불가사의 하노니, 만약 미래세에 어떤 선남자 선여인이 이 보살의 명호를 듣고 혹은 찬탄하고, 혹은 우러러 절하고, 혹은 명호를 부르고, 혹은 공양을 올리고, 그 형상을 그리거나 조성하여 모시면, 이 사람은 마땅히 삼십삼천(三十三天)에 백 번이나 태어나고 영원히 악도에 떨어지지 않으리라.

문수보살이여! 이 지장보살마하살은 과거 말로 다할 수도 없는 오랜 겁 전에 큰 장자의 아들이었다.

그때 세상에 부처님이 계셔서 호를 사자분신구족만행여래(獅子奮迅具足萬行如來)라 하셨느니라.

그때 장자의 아들이 부처님 상호가 천

복(千福)으로 장엄하심을 보고서 그 부처님께 '어떤 수행과 서원을 세워야 이런 상호를 얻나이까?' 하고 여쭈었다.

이에 사자분신구족만행여래께서 장자의 아들에게 '이 몸을 얻고자 하거든 마땅히 오랫동안 온갖 고통 받는 중생들을 건져 주어야 한다.'고 하셨다.

문수보살이여! 그때 장자의 아들이 맹세를 하되, '제가 이제부터 미래제가 다 하도록 헤아릴 수 없는 겁에 저 죄고(罪苦) 받는 육도중생(六道衆生)을 위하여 널리 방편을 베풀어서 다 해탈케 하고서야 제 자신이 불도를 이루리다.' 하고, 저 부처님 앞에서 이 대원을 세웠느니라.

그로부터 지금까지 백천만억 나유타의, 말로 할 수도 없는 오랜 겁을 아직도 보살로 있느니라.

또 과거 생각도 할 수 없는 무량겁 전에, 그때 세상에 부처님이 계셔서 호를 각화정자재왕여래(覺華定自在王如來)라 하셨는데, 그 부처님 수명은 사백천만억의 무량한 겁이니라.

그 부처님 상법(像法) 시대에 한 바라문의 딸이 있어서 숙세에 닦은 복이 매우 깊고 두터워 여러 사람으로부터 흠모와 존경을 받았으며, 행주좌와(行住坐臥)에 모든 하늘이 옹호하였더니라.

그러나 그의 어머니는 사도를 믿어서

항상 삼보(三寶)를 가벼이 여겼으므로, 그 딸이 여러 가지로 방편을 베풀어 어머니께 권유하여 바른 지견을 내게 하였건만 그 어머니는 온전한 믿음을 내지 못하였고, 오래지 않아 목숨을 마쳐 혼신은 무간지옥에 떨어졌느니라.

그때 바라문녀는 어머니가 살았을 적에 인과를 믿지 않았으므로, 생각하건대 업에 끄달려 반드시 악도에 떨어졌으리라 짐작하고, 드디어 집을 팔아서 좋은 향과 꽃이며 여러 공양구를 두루 구하여 과거 부처님(先佛)의 탑사(塔寺)에 가서 크게 공양을 올렸느니라.

그때에 그 절에 모셔진 각화정자재왕

여래의 위용이 아주 장엄한 것을 보고, 바라문녀는 더욱 공경하는 마음이 우러나 절을 하면서 혼자 생각하기를 '부처님은 대각이시라, 온갖 지혜를 갖추셨으니, 만약 세상에 계셨더라면, 우리 어머니가 돌아가신 뒤에 마땅히 부처님께 와서 여쭈어 보았다면 반드시 가신 곳을 알았을 것이다.' 하면서 바라문녀는 오래도록 흐느껴 울며 부처님을 우러러 사모하였다.

그때 홀연히 공중에서 소리가 들려왔다.

'우는 자, 성녀(聖女)여! 너무 슬퍼하지 말라. 내가 이제 너의 어머니의 간 곳을

알려 주리라.'

바라문녀는 공중을 향하여 합장하고 여쭈었다.

'어떤 신덕(神德)이시온데 저의 근심을 풀어 주시옵니까? 제가 어머니를 잃고 나서 밤낮으로 생각하고 생각하였으나 어머니가 태어나신 곳을 물어 볼 데가 없었나이다.'

그때 공중에서 또 소리가 났다.

'나는 너의 지극한 절을 받은 과거의 각화정자재왕여래이니라. 네가 어머니 생각하기를 보통 사람들보다 배나 더한 것을 보았으므로 각별히 와서 일러 주노라.'

이 소리를 듣고 바라문녀는 감격하여 몸을 일으켜 스스로 부딪쳐 팔과 다리를 성한 데 없이 다쳤더니, 좌우에서 부축하고 돌보아 한참 만에 겨우 정신을 차리고 공중을 향하여 아뢰었다.

'부처님이시여! 바라옵건대 크신 사랑으로 불쌍히 여기시어 우리 어머니가 태어나신 곳을 어서 말씀하여 주옵소서. 저는 이제 몸과 마음이 곧 죽을 것만 같나이다.'

이때 각화정자재왕여래께서 성녀에게 이르셨다.

'네가 공양 올리기를 마치거든 얼른 집으로 돌아가 단정히 앉아서 내 명호

를 생각하여라. 그러면 곧 너의 어머니가 태어난 곳을 알게 되리라.'

바라문녀는 절을 마치고 곧장 집으로 돌아와서, 어머니가 그리워 단정히 앉아 각화정자재왕여래를 염하면서 밤낮 하루를 지냈는데, 갑자기 보니 자신이 한 바닷가에 와 있었다.

그 바닷물은 펄펄 끓어오르는데, 험악한 짐승이 들끓고, 더구나 그 몸뚱이가 모두 쇠로 되었고, 바다 위를 날아다니며 동서로 마구 달리고 있었다.

또 보니 남자와 여자 백천만 명이 그 바다 속에 빠져 허둥대는데 저 험악한 짐승들이 이들을 다투어 잡아서 뜯어

먹고 있었다.

또 보니 야차가 있는데 그 모양이 낱낱이 이상하였다. 혹은 손이 여럿이고 눈이 여럿이며, 혹은 다리와 머리도 여럿이며, 입에서는 어금니가 밖으로 튀어나와 날카로운 갈구리와 같았다.

이들이 저 죄인들을 몰아다가 험악한 짐승에게 가까이 대어주기도 하고, 또 스스로 거칠게 움켜잡아 발과 머리를 엮어 가는 그 꼴이 천만 가지라, 차마 오래 볼 수 없었느니라.

그때 바라문녀는 염불하는 힘으로 자연히 두려움이 없었다.

여기에 무독(無毒)이라는 한 귀왕이

있어서, 머리를 숙여 오며 성녀를 맞이하면서 말하였다.

'장하십니다. 보살은 어떤 인연으로 이곳에 오셨습니까?'

바라문녀가 귀왕에게 물었다.

'여기는 어딥니까?'

무독이 대답하였다.

'이곳은 대철위산(大鐵圍山) 서쪽의 첫 번째 바다입니다.'

성녀가 물었다.

'내가 들으니 철위산 속에는 지옥이 있다는데, 그것은 사실입니까?'

무독이 대답하였다.

'참으로 지옥이 있습니다.'

'내가 지금 어떻게 해서 지옥이 있는 곳에 오게 되었습니까?'

'만약 부처님의 위신력이 아니면 바로 업력(業力)에 의한 겁니다. 이 두 가지가 아니면 결코 여기에 올 수 없습니다.'

성녀가 또 물었다.

'저 물은 웬일로 저렇게 용솟음쳐 끓어오르며, 저 많은 죄인과 험악한 짐승들은 어떻게 된 것입니까?'

'저들은 남염부제에서 악한 짓을 한 중생입니다. 갓 죽은 자가 사십구 일을 지나도록 망자를 위하여 공덕을 지어 고난에서 건져주는 이가 아무도 없고, 생시에도 착한 일을 한 바가 없으면, 결국에 본래 지은 업을 따라 지옥에 가느라고 자연히 먼저 이 바다를 건너게 됩니다.

이 바다 동쪽으로 십만 유순(由旬)을 지나 또 한 바다가 있는데 거기의 고통은 이곳의 배나 되고, 그 바다 동쪽에 또 한 바다가 있는데 거기의 고통은 또 그 배나 됩니다.

이 고통은 삼업(三業)이 악하였던 원인으로 해서 받는 것이므로 모두가 업해(業海)라 부르는데, 그곳이 바로 여기입니다.'

성녀가 또 물었다.

'지옥은 어디에 있습니까?'

'그 세 바다 안이 바로 큰 지옥입니다. 그 지옥의 수가 백천이지만 각각 차별이 있습니다. 큰 것으로는 열여덟이나 되고, 그 다음 것이 오백이고, 또 그 다음 것이 천백이나 되는데, 지독한 고초가 한량없습니다.'

성녀가 또 물었다.

'우리 어머니가 돌아가신 지 얼마 안 되나, 알 수 없습니다. 그 혼신은 어디로 갔을까요?'

귀왕이 물었다.

'보살의 어머니는 생전에 어떤 일을 하셨습니까?'

'우리 어머니는 소견이 삿되어 삼보

를 헐뜯어 비방하였고, 설혹 잠깐 믿다가도 이내 돌이켜 또 공경치 않았습니다. 돌아가신 지 비록 며칠이 안 되나 태어나신 곳을 알 수 없습니다.'

'보살의 어머니는 성씨가 누구십니까?'

'우리 부모는 모두 바라문 종족인데, 아버지 이름은 시라선견이고 어머니 이름은 열제리입니다.'

무독이 합장하고서 보살에게 가르쳐 주었다.

'바라건대 성자는 집으로 돌아가소서. 조금도 걱정하거나 슬퍼하지 마소서. 열제리 죄녀가 천상에 난 지 이제 사흘이 지났습니다.

효순한 자손이 어머니를 위하여 공양을 올리고 복을 닦아 각화정자재왕여래의 탑사(塔寺)에 보시한 공덕으로, 보살의 어머니만 지옥에서 벗어난 것이 아니라, 그날 이 무간지옥(無間地獄)에 있던 죄인들은 모두가 함께 천상에 태어나 낙을 누리게 되었습니다.'

귀왕이 말을 마치고는 합장하고 물러갔다.

바라문녀는 꿈결같이 집으로 돌아와, 이 일을 깨닫고는 곧 각화정자재왕여래의 탑상(塔像) 앞에 나아가서 큰 서원을 세우기를, '바라옵나니, 저는 미래 겁이

다하도록 죄고에 허덕이는 중생에게 널리 방편을 설하여 해탈케 하오리다.'고 하였느니라."

부처님이 문수보살에게 또 말씀하셨다.

"그때의 귀왕인 무독이란 자는 지금의 재수(財首)보살이고, 바라문녀는 바로 지장보살이니라."

제2품
분신을 모으는 품

그때 백천만억의 생각할 수도 없고, 의논할 수 없으며, 헤아릴 수 없고 말로 다할 수도 없는 그 무량 무수한 세계의 모든 지옥에 있던 지장보살의 분신들이 모두 다 도리천궁에 모여들었다.

또 각각 그 방면에서 해탈을 얻고 업도에서 나온 자가 천만억 수로 있었는데, 이들이 부처님의 신력을 입어 다 같이 향과 꽃을 가지고 와서 부처님께 공양을 올렸다.

저 함께 온 무리들은 모두가 지장보살의 교화로 아뇩다라삼먁삼보리에서 영원히 물러서지 않게 된 자들이었다.

이 모든 무리들은 멀고먼 겁으로부터 오면서 생사의 물결에 빠져 육도(六道)에 떠돌면서 고통을 받아 잠깐도 쉴 틈이 없었다가, 지장보살의 광대한 자비와 깊은 서원력으로 각기 도과(道果)를 증득하고 도리천(忉利天)에 이르렀으니, 마음이 기뻐 뛸듯하여 부처님을 우러르며 잠시도 한눈을 팔지 않았다.

그때 세존께서 금빛 팔을 펴시어 백천만억의 생각할 수도 없고, 의논할 수도 없고, 헤아릴 수도 없고, 말할 수도 없는 무량 무수한 세계의 모든 화신지장보살의 이마를 어루만지시면서 말씀하셨다.

"내가 오탁악세(五濁惡世)에서 이렇게 억세고 거친 중생들을 교화하여 그 마음을 조복시켜 삿된 것을 버리고 바른 데로 돌아오게 하였건만, 열에 하나 둘은 아직도 악습에 빠져 있느니라.

나도 역시 천백억의 분신으로 널리 방편을 베푸노니, 혹 근기가 날카로운 자는 법을 들으면 곧 믿어서 지니며, 혹 좋은 과보를 지닌 자는 부지런히 권하면 성취하고, 혹 둔하고 어두운 자는 오래 교화하여야 겨우 귀의하고, 혹 업이 무거운 자는 우러러 공경치 않느니라.

이런 중생 무리들을 각각 차별하여 분신해서 제도하는데, 혹은 남자 몸을 나타내고, 혹은 여자 몸을 나타내고, 혹은 하늘 사람이나 용의 몸을 나타내고, 혹은 귀신의 몸을 나타내고, 혹은 산, 숲, 내, 들, 강, 못, 샘, 우물을 나타내어 사람을 이롭게 하면서 모두 다 제도하여 해탈케 하고, 혹은 제석천왕(帝釋天王)의 몸으로, 혹은 범왕(梵王)의 몸으로, 혹은 전륜왕(轉輪王)의 몸으로, 혹은 거사의 몸으로, 혹은 국왕의 몸으로, 혹은 재상의 몸으로, 혹은 관속의 몸으로, 혹은 비구·비구니·우바새·우바이의 몸으로 내지 성문·아라한·벽지불·보살 등의 몸으로 나타내어 교화하고 제도하노니, 단지 부처의 몸으로만 그 몸을 나타내는 것이 아니니라.

내가 여러 겁을 두고 부지런히 애써서 이같이 교화하기 어려운 억세고 거친 죄고중생(罪苦衆生)들을 제도하였으나, 거기에 아직도 조복되지 못한 자가 있어서 업보를 따라 만약 악도에 떨어져 큰 고통을 받게 된 것을 보거든, 그대는 마땅히 내가 이 도리천궁에서 은근히 부촉하던 것을 생각하고, 사바세계에 미륵불이 출세하여 오실 때까지 중생들을 다 해탈케 하여 영원히 모든 괴로움을 여의게 하고 부처님의 수기(授記)를 받도록 하라."

이때 여러 세계에서 온 모든 분신 지장보살이 다시 한 몸으로 되어 애절하게 눈물을 흘리며 부처님께 아뢰었다.

"제가 멀고먼 겁으로부터 오면서 부처님의 인도하심을 입어 불가사의한 신력을 얻고 크나큰 지혜를 갖추게 되었나이다.

제가 저의 분신으로 하여금 백천만억 항사세계에 두루하여, 한 세계마다 백천만억 분신을 화현하고, 그 한 몸마다 또 백천만억 사람을 제도하여 삼보께 귀의토록 하며, 영원히 나고 죽는 것을 여의고 열반락에 이르도록 하오리다.

다만 불법 중에서 착한 일을 하되, 한 터럭, 한 물방울, 한 모래, 한 티끌만큼이나 혹은 털끝만큼이라도 한다면, 제가 점차로 제도하여 해탈시켜 큰 이익을 얻게 하오리다.

세존이시여! 바라오니 후세의 악업 중생으로는 염려하지 마옵소서."

이렇게 세 번이나 부처님께 말씀드렸다. 이때 부처님께서 지장보살을 찬탄하셨다.

"장하고 장하도다. 내가 그대를 도와

기쁘게 하리라. 그대는 아득한 겁으로부터 오면서 세운 큰 서원을 능히 성취하여 장차 널리 중생들을 제도한 후에 곧 보리를 증득하리라."

제3품
중생의 업연을 살피는 품

그때 부처님의 어머니 마야부인이 공경하는 마음으로 합장하고 지장보살에게 여쭈었다.

"성자여! 염부제 중생이 업을 짓는 차별과 받게 되는 응보는 어떠하옵니까?"

지장보살이 대답하였다.

"천만 세계, 모든 국토에는 혹 지옥이

있기도 하고 없기도 하며, 혹 여인이 있기도 하고 없기도 하며, 혹 불법이 있기도 하고 없기도 하며, 성문이나 벽지불도 역시 그러하옵니다. 지옥의 죄보(罪報)도 똑같은 것만이 아니옵니다."

마야부인이 거듭 보살께 여쭈었다.

"그러면 염부제에서 죄보(罪報)로 나쁜 곳에 떨어져 과보(果報) 받는 것을 듣고자 하옵니다."

"성모(聖母)여! 바라옵건대 잘 들으소서. 제가 대강 말씀하오리다."

"성자여! 어서 말씀하소서."

이때 지장보살이 성모에게 말하였다.

"남염부제의 죄보(罪報)를 말씀하면

이러하옵니다.

만약 어떤 중생이 부모에게 불효하고 혹 살해까지 하였다면 마땅히 무간지옥(無間地獄)에 떨어져 천만억 겁으로 벗어날 기약이 없습니다.

만약 어떤 중생이 부처님 몸에 피를 내고, 삼보를 훼방하고, 경전을 존중치 않으면, 역시 마땅히 무간지옥(無間地獄)에 떨어져 천만억 겁으로 벗어날 기약이 없습니다.

만약 어떤 중생이 절 재산에 손해를 주거나, 비구 · 비구니를 더럽히거나, 혹은 절 안에서 방자하게 음욕을 행하거나 죽이고 해친다면, 이런 무리들도 마땅히 무간지옥에 떨어져 천만억 겁으로 벗어날 기약이 없습니다.

만약 어떤 중생이 마음은 사문(沙門)이 아니면서 거짓으로 사문이 되어, 절 재산을 함부로 쓰고, 신도를 속이며, 계율을 어겨 갖가지 나쁜 짓을 하면, 이 같은 무리들도 마땅히 무간지옥(無間地獄)에 떨어져 천만억 겁으로 벗어날 기약이 없습니다.

만약 어떤 중생이 절 재산을 훔치되, 재물, 곡식, 의복을 한 가지라도 주지 않는 것을 취한 자는 마땅히 무간지옥(無間地獄)에 떨어져 천만억 겁으로 벗어날 기약이 없습니다.

성모여! 만약 어떤 중생이라도 이 같은 죄를 지으면 마땅히 오무간(五無間) 지옥에 떨어져 잠깐만이라도 고통이 멈춰주기를 원해도 이룰 수가 없습니다.”

마야부인이 거듭 여쭈었다.

“어떤 것을 무간지옥(無間地獄)이라고 하옵니까?”

“성모여! 모든 지옥이 대철위산 속에 있는데, 그 중에 큰 지옥은 열여덟 곳이나 됩니다.

그 다음 것이 오백인데 이름이 각각 다르고, 또 그 다음 것이 천백이나 되는데 역시 이름이 각각 다릅니다.

무간지옥이라는 데는 그 옥성 둘레가

팔만여 리가 되며, 그 성은 순전히 쇠로 되었고, 높이는 만 리인데, 성 위에는 불더미가 조금도 빈틈없이 이글거리며, 그 성 중에는 또 여러 지옥이 서로 이어졌는데 그 이름도 각기 다릅니다.

여기에 유독히 한 지옥이 있어서 이름을 무간(無間)이라고 하는데, 이 지옥의 둘레는 만팔천 리요, 담장 높이는 천 리이며, 아랫불은 위로 치솟고 윗불은 아래로 쏟아져 내려오며, 쇠(鐵)로 된 뱀과 개가 불을 토하면서 담장 위를 동서로 마구 달립니다.

옥중에는 넓이가 만 리에 가득한 평상이 있는데, 한 사람이 죄를 받아도 그 몸이 평상 위에 가득 차게 누워 있는 것을 스스로 보게 되고, 천만 사람이 죄를 받아도 역시 각자의 몸이 평상 위에 가득함을 보게 되는데, 뭇 죄업으로써 이같은 보를 받게 되는 것입니다.

또 모든 죄인이 온갖 고초를 골고루 다 받는데, 천백 야차와 악귀들이 어금니는 칼날 같고, 눈은 번갯빛 같으며, 손은 또 구리쇠 손톱으로 되어, 죄인의 창자를 끄집어내어서 토막토막 자릅니다.

또 어떤 야차는 큰 쇠창을 가지고 죄인의 몸을 찌르는데, 혹은 입과 코를 찌르며, 혹은 배나 등을 찔러 공중으로 던졌다가 도로 받아서 평상 위에 놓기도 합니다.

또 쇠(鐵)로 된 뱀이 있어서 죄인의 목을 감아 조이고, 또 온몸 마디마디에 긴 못을 내려 박기도 하며, 또 혀를 뽑아서 보습으로 갈 때 죄인이 끌게 하고, 구리 쇳물을 입에 붓기도 하고, 뜨거운 철사로 몸을 감아서 만 번 죽였다가 만 번 살렸다 하나니, 업으로 받는 것이 이와 같아서 억 겁을 지내도 벗어날 기약이 없습니다.

그러다가 이 세계가 무너질 때는 딴 세계로 옮겨가서 나고, 그 세계가 또 무너지면 다른 세계로 옮겨가고, 또 옮겨가고 하다가, 이 세계가 또 이루어지면 다시 돌아옵니다. 무간지옥(無間地獄)의 죄보가 이러하옵니다.

이와 같이 다섯 가지 죄업의 과보를 받으므로 무간지옥(無間地獄)이라고 합니다.

첫째는 밤낮으로 죄를 받아 겁이 거듭하도록 끊어질 때가 없으므로 무간이라고 이름합니다.

둘째는 한 사람이라도 가득 차고 많은 사람이라도 역시 가득 차므로 무간이라고 이름합니다.

셋째는 죄를 받는 기구로서 쇠몽둥이, 매, 뱀, 이리, 개, 맷돌, 톱, 도끼, 끓는 가마, 쇠그물, 쇠사슬, 쇠나귀, 쇠말 따위가 있으며, 생가죽으로 목을 조르고, 뜨거운 쇳물을 몸에 부으며, 굶주리면 쇠구슬을 삼키고, 목마르면 뜨거운 쇳물을 마시면서 해를 넘기고 겁을 보내어 그 수가 한량없는 겁에 이르러도 고초가 잇달아 끊임이 없으므로 무간이라고 이름합니다.

넷째는 남자, 여자, 오랑캐, 늙은이, 젊은이, 천한이, 용, 신, 하늘, 사람, 귀신 할 것 없이 죄를 지으면 그 업(業)에 따라 받는 것이 모두 똑같으므로 무간이라고 이름합니다.

다섯째는 만약 이 지옥에 떨어지면 처음 들어올 때부터 백천 겁에 이르도록 날마다 밤마다 만 번 죽었다가 만 번 살았다가 하여 잠깐도 멈춰짐이 없다가, 나쁜 업이 다 제멸되어야만 비로소 딴 곳에 태어납니다.

이와 같이 줄곧 잇달아 끊이지 않으므로 무간(無間)이라고 하는 것입니다.

성모여! 무간지옥에 대하여 대강 말씀한 것이 이러하오나, 만약 형벌 받는 기구 등의 이름과 그 온갖 고초 받는 일을 자세히 말씀드리자면 한 겁 동안에도 다할 수 없습니다."

마야부인이 이 말씀을 듣고는 근심 깊은 얼굴로 합장 정례하고 물러갔다.

제4품

염부제 중생이 업보 받는 품

그때 지장보살마하살이 부처님께 아뢰었다.

"세존이시여! 제가 부처님의 위신력을 입은 까닭으로 백천만억 세계에 두루 이 몸을 나누어 일체의 업보 중생을 구제하고 있나이다.

만약 부처님의 큰 자비의 힘이 아니오

면 능히 이 같은 변화를 부리지 못할 것이옵니다.

제가 이제 또 부처님의 부촉하심을 받사오니 '아일다'가 성불하여 오실 때까지 육도의 중생을 해탈토록 하오리니, 원컨대 세존이시여! 염려하지 마옵소서."

이때 부처님이 지장보살에게 말씀하셨다.

"일체중생에 해탈을 못한 자는 성식(性識)이 정한 바가 없어서 악습(惡習)으로는 업을 맺고 선습(善習)으로는 과를 맺나니, 착하기도 하고 악하기도 한 경계를 따라서 태어나 육도에 윤회하여 잠깐도 쉴 새가 없으며, 티끌 수 같은 겁이 지나가도 미혹으로 고난에 걸리는 것이, 마치 그물 속에 노는 고기가 노상 흐르는 물인 줄 알고, 잠시 벗어났다가 또 그물에 걸리곤 하는 것과 같으니라.

이런 무리들을 내가 걱정하였더니, 그대가 이미 과거 여러 겁에 거듭한 서원을 실천하려고 저 죄 많은 무리를 널리 제도하겠다고 하니 내가 다시 무엇을 걱정하리오."

이 말씀을 하실 때, 회중에 있던 정자재왕(定自在王)이라는 한 보살이 부처님께 아뢰었다.

"세존이시여! 지장보살은 여러 겁으

로 오면서 어떤 발원을 하였건대 이제 세존의 은근하신 찬탄을 받나이까? 세존께서는 간략히 말씀하여 주옵소서."

부처님이 정자재왕보살에게 이르셨다.

"자세히 듣고 자세히 들어, 잘 생각하라. 내가 그대를 위해 분별하여 해설하리라. 저 과거 한량없는 아승지 나유타, 말로 할 수도 없는 겁의 일이니라.

그때에 부처님이 계셨으니, 호는 일체지성취·여래·응공·정변지·명행족·선서·세간해·무상사·조어장부·천인사·불·세존이셨고, 수명은 육만 겁이었느니라.

이 부처님이 아직 출가하시기 전에는

작은 나라의 왕이 되어, 한 이웃 나라 왕과 더불어 벗을 삼고 함께 십선(十善)을 행하여 중생을 이롭게 하였더니라.

그런데 그 이웃 나라에 사는 백성들이 여러 가지로 악한 일을 많이 지으므로 두 왕은 의논하고 널리 방편을 베풀자고 하였다.

한 왕은 발원하기를 '속히 불도를 이루어 널리 이런 무리들을 남김없이 제도하리라.' 하였고, 또 한 왕은 '만약 죄고중생(罪苦衆生)들을 먼저 제도하여 안락케 하고 보리를 이루지 못하게 하면, 나는 끝내 성불하기를 원치 않노라.'고 하였더니라."

부처님이 정자재왕보살에게 계속 말씀하셨다.

"속히 성불하기를 발원한 왕은 곧 일체지성취·여래였고, 영원히 죄고중생(罪苦衆生)을 제도하고 성불을 원치 않은 왕은 바로 지장보살이었느니라.

또 과거 한량없는 아승지 겁에 한 부처님이 세상에 출현하셨으니, 명호는 청정연화목(淸淨蓮華目)여래이셨고, 수명은 사십 겁이었느니라.

그 부처님 상법(像法) 시대에 한 나한이 있어서 중생을 복으로써 제도하였는데, 차례로 교화하다가 광목이라는 한 여인을 만나게 되었는데, 음식을 대접

하기에 나한이 물었다.

'소원이 무엇이요?'

광목이 대답하였다.

'저는 어머니가 돌아가신 날에 복을 지어 천도해 드리고자 하오나, 우리 어머니가 어떤 곳에 태어나셨는지 알지 못합니다.'

나한이 가엾이 여기고, 정(定)에 들어 살펴보니 광목의 어머니는 나쁜 곳에 떨어져 모진 고통을 받고 있었다.

나한이 광목에게 물었다.

'그대의 어머니는 생전에 어떤 업을 지었는고? 지금 나쁜 곳에서 아주 큰 고통을 겪고 있소.'

'우리 어머니는 습성이 물고기와 자라 같은 것을 즐겨 드셨고, 그 중에서도 새끼를 많이 드셨는데, 혹은 볶고 혹은 지져서 마음껏 드셨으니 아마 그 수는 천만보다 배나 더 될까 하옵니다. 존자는 자비로 불쌍히 여기시어 어떻게든지 구원하여 주소서.'

나한이 가엾이 여기고 방편을 지어 광목에게 권하여 말했다.

'그대는 지극한 정성으로 청정연화목여래를 염(念)하고, 겸해서 그 부처님 형상을 조성하거나 그려 모시면 산 사람도 죽은 사람도 모두 좋은 과보를 얻을 것이요.'

광목이 이 말을 듣고는 곧 애착하던 것을 바쳐 불상을 그려 모시고 공양을 올리며, 더욱이 공양하는 마음으로 슬피 울면서 우러러 절을 하였더니, 문득 새벽녘 꿈에 부처님을 뵈오니, 금빛이 찬란한 것이 마치 수미산과 같았다.

그 부처님이 큰 광명을 놓으시며 광목에게 이르셨다.

'너의 어머니는 오래지 않아 꼭 너의 집에 태어나리라. 겨우 배고프고 추운 것을 느낄 만하면 곧 말을 하게 되리라.'

그 뒤에 그 집에서 여(女) 종이 한 자식을 낳으니 사흘이 채 못 되어 말을 하는데, 머리를 조아리고 슬피 울면서 광목을 보자 이렇게 말했다.

'생사의 업연으로, 과보는 자기가 받게 마련이다. 나는 네 어미다. 어둠 속에 오래 있었다.

너와 이별한 뒤로 큰 지옥에 여러 차례 떨어졌다가, 이제야 복력을 입어 몸을 받아 태어났다만 미천한 사람이 되었고, 게다가 단명하여 열세 살만 되면 또다시 악도에 떨어질 것이다.

네가 내 업보를 벗겨 줄 무슨 계책이 있겠느냐?'

광목이 이 말을 듣고는 자기 어머니인 것을 의심치 않고, 목메어 슬피 울면서 종의 자식에게 말했다.

'이미 우리 어머니가 틀림없다면, 본래 지은 죄를 알아야 합니다. 어떤 업을 지었기에 악도에 떨어졌습니까?'

종의 자식이 대답했다.

'살생하고 헐뜯어 욕을 한, 두 가지 업으로 보를 받았다. 만약 네가 복을 지어 나의 고난을 구제하여 주지 않았다면 이런 업으로써 도저히 벗어날 수 없었을 것이다.'

광목이 물었다.

'지옥의 죄보는 어떠하던가요?'

종의 자식이 대답했다.

'죄고(罪苦) 받는 일은 차마 말로 할 수 없다. 백 년을 두고 천 년을 두고 말하더

라도 다 하기 어려울 것이다.'

광목이 듣고는 통곡하며 울다가 허공을 향하여 말했다.

'바라오니, 우리 어머니를 지옥에서 영영 벗어나게 하여 주옵소서.

열세 살을 마치고 나서도 무거운 죄보가 없도록 하여 주옵소서. 다시는 악도에 거치지 않게 하여 주옵소서.

시방의 모든 부처님이시여!

저를 가엾이 여기시어 제가 어머니를 위하여 발하는 이 광대한 서원을 들어주소서. 만약 우리 어머니가 삼악도와 이 미천한 신분과 여인의 몸까지도 아주 여의고, 영겁토록 다시 받지 않게 된다면, 제가 청정연화목여래의 상 앞에서 맹세하겠나이다.

오늘부터 이 뒤로 백천만억 겁 동안, 모든 세계에 있는 지옥과 삼악도에서 고통 받는 모든 중생들을 구원하여 지옥·축생·아귀 등 악취에서 영원히 여의게 하고, 이런 무리들을 모두 다 성불케 한 후에야 제가 정각을 이루겠나이다.'

이렇게 서원을 마치자 청정연화목여래의 말씀이 들려왔다.

'광목아! 네가 큰 자비로 어머니를 위해 능히 훌륭하게도 그런 큰 원을 세웠구나.

내가 보건대, 너의 어머니가 열세 살

이 되면 지금의 업보를 벗고, 다음에 범지(梵志)로 태어나 백 세의 수명을 누릴 것이다.

이 보가 지난 뒤에는 무우국토(無憂國土)에 태어나서 헤아릴 수 없는 겁을 살다가 뒤에 불과를 이루고, 널리 항하의 모래 수 같은 인간과 하늘을 제도하리라.'고 일러 주셨더니라."

부처님이 또 말씀하셨다.

"그때에 광목을 복으로 제도한 나한은 곧 무진의보살이고, 광목의 어머니는 곧 해탈보살이며 광목 여인은 바로 지장보살이니라.

지나간 멀고 오랜 겁 중에 이렇게도

자비하여 항하 모래 수와 같은 발원을 하고 널리 중생을 제도하였느니라.

미래세에, 만약 어떤 남자나 여인이, 선행을 하지 않는 자, 악행하는 자, 인과를 믿지 않는 자, 사음 망어를 하는 자, 양설 악구를 하는 자, 대승을 비방하는 자라면 이 같은 모든 죄업 중생들은 반드시 나쁜 곳에 떨어질 것이로되, 만약 선지식을 만나 그의 권유로 손가락 한 번 튕기는 사이라도 지장보살에게 귀의하면 저 모든 중생들은 곧 삼악도의 죄보에서 풀리게 되리라.

만약 능히 지극한 마음으로 귀의하여 공경하고, 우러러 절하고 찬탄하며, 향,

꽃, 의복, 갖가지 진귀한 보배나 음식으로 받들어 섬기는 자는 미래의 백천만 겁 동안에 항상 여러 하늘에 살면서 아주 묘한 낙을 누리게 되고, 만약에 천복(天福)이 다하여 인간에 하생하더라도 오히려 백천 겁을 항상 제왕이 되어 능히 숙명(宿命)의 인과본말(因果本末)을 기억하리라.

정자재왕이여! 이와 같이 지장보살에게는 불가사의한 큰 위신력이 있어서 널리 중생을 이롭게 하노니, 그대들 모든 보살은 마땅히 이 경을 기록하여 널리 선전하고 유포할지니라."

정자재왕보살이 부처님께 아뢰었다.

"세존이시여! 염려하지 마옵소서. 저희들 천만억 보살마하살이 반드시 능히 부처님의 위신을 받들고 널리 이 경을 연설하여 염부제 중생을 이익 되게 하오리다."

정자재왕보살이 세존께 아뢰고는 합장하여 공경하는 마음으로 절하고 물러갔다.

이때에 사방(四方)의 천왕(天王)이 함께 자리에서 일어나 합장하고 공경하는 마음으로 부처님께 여쭈었다.

"세존이시여! 지장보살은 오랜 겁으로 오면서 그와 같은 큰 원을 발하였는데, 어찌하여 지금에 이르도록 아직도 중생들을 다 제도하지 못하고 또 광대한 서원을 발하옵니까?

세존이시여! 원컨대 저희들을 위하여 말씀하여 주소서."

부처님이 사천왕에게 말씀하셨다.

"훌륭하고 훌륭하도다. 내 이제 그대들과 미래 현재의 하늘과 인간 무리들에게 널리 이익을 주기 위하여, 지장보살이 사바세계 염부제 안 생사의 길에서 자비로 일체의 죄고중생(罪苦衆生)을 구제하고 해탈시키는 방편에 대하여 말하리다."

사천왕이 말씀드렸다.

"그렇게 하여 주옵소서. 세존이시여!

즐거이 듣고자 하옵니다."

부처님이 말씀하셨다.

"지장보살이 오랜 겁으로부터 오면서 오늘에 이르기까지 중생들을 제도하여 해탈시켜 오지만, 아직도 그 원을 다 마치지 못하였느니라.

이 세계의 죄고중생(罪苦衆生)을 사랑하고 가엾어 하여, 미래의 무량겁으로 업의 인(因)이 이어져 끊이지 않음을 너무나 많이 보게 되므로 또 거듭 원을 발하느니라. 이러한 보살은 사바세계 염부제 안에서 백천만억 방편으로 교화하고 있느니라.

사천왕이여! 지장보살은, 만약에 살생

하는 자를 만나면 전생의 재앙으로 단명하게 되는 보를 말해 주고, 만약에 도둑질하는 자를 만나면 빈궁하여 고초받는 보(報)를 말해 주며, 만약에 사음하는 자를 만나면 공작이나 비둘기·원앙새의 보를 말해 주고, 만약에 사나운 입을 놀리는 자를 만나면 권속과 다투는 보를 말해 주며, 만약에 훼방하는 자를 만나면 혀가 없는 구창(口瘡) 보를 말해 주고, 만약에 성내는 자를 만나면 얼굴이 더럽게 찌그러지는 보를 말해 주며, 만약에 인색하고 간탐하는 자를 만나면 구하는 바가 어긋나는 보를 말해 주고, 만약에 음식에 절도가 없는 자를 만나면 배고프고 목마르고 목에 병이 나는 보를 말해 주며, 만약에 사냥을 즐기는 자를 만나면 놀라고 미쳐서 목숨을 잃는 보를 말해 주고, 만약에 부모의 뜻을 어기고 행패를 부리는 자를 만나면 천재지변으로 죽게 되는 보를 말해 주며, 만약에 산이나 숲에 불 지르는 자를 만나면 미쳐서 헤매다가 죽게 되는 보를 말해 주고, 만약에 전후(前后) 부모에게 악독하게 하는 자를 만나면 내생에 바꿔나서 매 맞는 보를 말해 주며, 만약에 그물로 작은 새들을 사로잡는 자를 만나면 골육간에 이별하는 보를 말해 주고, 만약에 삼보를 헐뜯어 비방하는 자를 만나면 눈멀고 귀먹고 벙어리 되는 보를 말해 주며, 만약에 불법을 가벼이 여기고 그 가르침을 업신여기는 자를 만나면 길이 악도에 처하는 보를 말해 주고, 만약에 절 재산을 함부로 쓰는 자를 만나면 억겁 동안 지옥에서 윤회하는 보를 말해 주며, 만약에 청정한 행을 더럽히고 스님을 속이는 자를 만나면 영원히 축생(畜生)으로 있게 되는 보를 말해 주고, 만약에 끓는 물, 불, 흉기로 생명을 다치게 하는 자를 만나면 윤회하면서 서로 갚게 되는 보를 말해 주며, 만약에 파계하고 재(齋)를 범하는 자를 만나면 새나 짐승이 되어 굶주리는 보를 말해 주고, 만약에 재물을 옳지 않게 헐어 쓰는 자를 만나면 구하는 바가 막히고 끊어지는 보를 말해 주며, 만약에 아만이 높은 자를 만나면 미천한 종이 되는 보를 말해 주고, 만약에 두 말로 이간질 하여 싸움을 붙이는 자를 만나면 혀가 없든지 혀가 여럿이 되는 보를 말해 주며, 만약에 소견이 삿된 자를 만나면 변방(邊方)에 태어나는 보를 말해 주느니라.

  이런 등등의 염부제 중생이 몸과 입과 뜻으로 짓는 악습의 결과로 받게 되는 백천 가지 응보를 이제 대강 말하였거니와, 그러한 염부제 중생들의 업감의 차별을 따라 지장보살은 백천 방편으로 교화하고 있건만, 이런 중생들은 먼저 이 같은 보를 받고, 뒤에는 지옥에 떨어져 여러 겁이 지나가도 벗어날 기약이 없느니라.

이런 까닭으로 그대들은 사람을 보호하고 나라를 보호하여 저런 중생들이 다른 중생을 미혹하지 말도록 하라."

사천왕이 듣고는 눈물을 흘리며 슬피 탄식하면서 합장하고 물러갔다.

제5품
지옥의 이름을 말하는 품

그때 보현(普賢)보살마하살이 지장보살에게 말하였다.

"인자여, 원컨대 천·룡·팔부와 미래 현재의 일체중생을 위하여 사바세계 염부제의 죄고중생(罪苦衆生)이 보(報)를 받는 지옥의 이름과 악독한 과보들을 말씀하여, 미래세의 말법 중생들로 하여금 그 과보를 알게 하여 주소서."

지장보살이 대답하였다.

"인자여! 내가 이제 부처님의 위신력과 대사(大士)의 힘을 받들고, 지옥의 이름과 죄보에 대하여 간략히 말하리다.

인자여, 염부제의 동쪽에 산이 있는데 이름을 철위산(鐵圍山)이라 하며, 그 산은 어둡고 깊어서 해와 달도 감히 비추지 못합니다.

여기에 큰 지옥이 있는데 이름을 극무간(極無間)이라 하고, 또 지옥이 있는데 이름을 대아비(大阿鼻)라 하고, 또 지옥이 있는데 이름을 사각(四角)이라고 합니다.

또 비도지옥(飛刀地獄), 화전지옥(火箭

地獄), 협산지옥(峽山地獄), 통창지옥(通槍地獄), 철거지옥(鐵車地獄), 철상지옥(鐵床地獄), 철우지옥(鐵牛地獄), 철의지옥(鐵衣地獄), 천인지옥(千刃地獄), 철려지옥(鐵驢地獄), 양동지옥(洋銅地獄), 포주지옥(抱柱地獄), 유화지옥(流火地獄), 경설지옥(耕舌地獄), 좌수지옥(坐首地獄), 담안지옥(噉眼地獄), 철환지옥(鐵丸地獄), 쟁론지옥(爭論地獄), 철수지옥(鐵銖地獄), 다진지옥(多瞋地獄)이 있습니다."

지장보살이 또 말하였다.

"인자여, 철위산(鐵圍山) 속에는 이와 같은 지옥들이 수도 없이 있습니다.

또 규환지옥(叫喚地獄), 발설지옥(拔舌

地獄), 분뇨지옥(糞尿地獄), 동쇄지옥(銅鎖地獄), 화상지옥(火象地獄), 화구지옥(火狗地獄), 화석지옥(火石地獄), 화마지옥(火馬地獄), 화우지옥(火牛地獄), 화산지옥(火山地獄), 화상지옥(火床地獄), 화량지옥(火梁地獄), 화응지옥(火鷹地獄), 거아지옥(鉅牙地獄), 박피지옥(剝皮地獄), 음혈지옥(飮血地獄), 소수지옥(燒手地獄), 소각지옥(燒脚地獄), 도자지옥(倒刺地獄), 화옥지옥(火屋地獄), 철옥지옥(鐵屋地獄), 화랑지옥(火狼地獄) 등이 있습니다.

 이런 지옥 속에는 각각 또 작은 지옥들이 있는데, 혹은 하나 둘, 혹은 셋 넷, 내지 백이나 천이 되기도 하며, 그것들의 이름도 각각 다릅니다."

지장보살이 또 보현보살에게 말하였다.

"인자여! 이것은 모두 다 남염부제에서 악한 짓을 한 중생들의 업감으로 이렇게 되는 것입니다. 업(業)의 힘이란 참으로 큰 것이어서 능히 수미산을 대적하며, 능히 큰 바다보다도 깊어서, 능히 성도(聖道)의 길을 방해합니다.

이런 까닭으로, 중생은 비록 작은 악이라도 가볍게 여겨 죄가 되지 않는다고 하지 말아야 됩니다.

죽은 뒤에는 보가 있어서 털끝만한 것도 받아가야 하며, 비록 어버이와 자식

사이라도 가는 길이 각각 다르고, 비록 서로가 만나더라도 대신 받을 수 없습니다.

내가 이제 부처님의 위신력을 받들고, 지옥에서 죄보 받는 일을 대략 말하리니, 바라건대 인자는 잠깐만 들으소서."

보현보살이 대답하였다.

"내가 삼악도의 죄보를 안 지는 비록 오래되오나, 인자의 말씀을 바라는 것은 후세 말법 시대에 모든 악행하는 중생들로 하여금 인자의 말씀을 듣고 불법에 귀의토록 하려는 것입니다."

지장보살이 말하였다.

"인자여! 지옥의 죄보는 이러합니다.

어떤 지옥은 죄인의 혀를 뽑아서 소로 하여금 갈게 하며,

어떤 지옥은 죄인의 심장을 빼어 야차가 먹으며,

어떤 지옥은 펄펄 끓는 가마에 죄인의 몸을 삶으며,

어떤 지옥은 벌겋게 달군 구리쇠 기둥을 죄인에게 껴안게 하며,

어떤 지옥은 맹렬한 불길이 죄인을 덮치며,

어떤 지옥은 한결같이 차디찬 얼음뿐이며,

어떤 지옥은 한없는 똥과 오줌뿐이며,

어떤 지옥은 쇠뭉치가 날아들며,

어떤 지옥은 불창이 가득히 모여들며,

어떤 지옥은 몽둥이로 가슴과 등을 때려치며,

어떤 지옥은 손과 발을 모두 태우며,

어떤 지옥은 쇠뱀이 온몸을 칭칭 감으며,

어떤 지옥은 쇠개에게 몰려 쫓기며,

어떤 지옥은 아울러 쇠나귀를 타게 합니다.

인자여, 이런 등등의 보를 받는 지옥마다 또 백천 가지 형구가 있는데, 그 모두가 구리요 쇠요 돌이요 불 아닌 것이 없습니다.

이 네 가지 물건은 여러 가지 업감으

로 나타난 것입니다.

만약 지옥의 죄보에 대한 것을 널리 말하자면, 한 지옥마다 다시 백천 가지 고초가 있는데, 하물며 그 많은 지옥이겠습니까.

내가 이제 부처님의 위신과 인자의 물으심을 받들어 간략히 말을 하였으나, 만약 널리 해설하려면 겁이 다해도 못다 하리다."

제6품
부처님이 찬탄하시는 품

 그때 부처님이 온몸으로 큰 광명을 놓으사, 백천억 항하의 모래 수 같은 모든 부처님 세계를 두루 비추시며, 저 모든 부처님 세계의 보살마하살과 천·룡·귀신·사람·사람 아닌 온갖 무리들에게 크게 외치셨다.
 "듣거라! 내가 오늘 지장보살마하살이

시방세계에서 불가사의한 큰 위신력과 자비의 힘으로써 온갖 괴로움을 구호하는 일에 대하여 드높이 찬탄하리라.

내가 멸도한 뒤에 그대들 모든 보살마하살과 천·룡·귀신들은 널리 방편을 지어서 이 경을 지킬 것이며, 일체중생으로 하여금 온갖 괴로움을 여의고 열반락을 얻게 하리라."

이렇게 말씀하시니, 회 중에 있던 보광(普光)보살이 합장하고 공경하는 마음으로 부처님께 아뢰었다.

"지금 세존께서 지장보살에게는 불가사의한 큰 위신력이 있다고 찬탄하셨나이다.

세존이시여! 바라건대 미래세의 말법 중생을 위하사 지장보살이 인간과 천상(天上)을 이롭게 하는 인과에 대하여 말씀하여 주소서. 그리하여 모든 천·룡·팔부와 미래세 중생으로 하여금 부처님의 말씀을 받들게 하여 주소서."

이때 세존께서 보광보살과 사부 대중들에게 말씀하셨다.

"자세히 듣고 자세히 들어라. 내가 마땅히 그대들을 위하여 지장보살이 인간과 천상을 이롭게 하는 복덕에 대하여 간단히 말하리라."

보광보살이 부처님께 아뢰었다.

"세존이시여! 기꺼이 듣고자 하나이

다."

부처님이 말씀하셨다.

"만약 미래세에 어떤 선남자 선여인이 이 지장보살의 이름을 듣고 혹 합장하는 자, 예배하는 자, 흠모하는 자는 삼십 겁(三十劫) 동안 지은 죄에서 벗어나리라.

보광보살이여! 만약 어떤 선남자 선여인이 혹 지장보살의 형상을 그리거나, 혹은 흙, 돌, 아교, 칠, 금, 은, 동, 철 등으로 조성하여 한 번이라도 예배하는 자는 백 번을 삼십삼천(三十三天)에 태어나고 영원히 악도에 떨어지지 않으리라.

가령 천복(天福)이 다하여 인간에 하생하더라도 오히려 국왕이 되어 큰 이익을 잃지 않으리라.

만약에 어떤 여인이 여자의 몸을 싫어한다면, 지장보살의 화상이나 흙, 돌, 아교, 칠, 동, 철 등의 상에 정성을 다하여 공양을 올리되, 날마다 물러서지 않고 항상 꽃이나 향, 음식, 의복, 비단, 당번, 돈, 보물 등으로 공양하면, 이 선여인은 한 번 받은 여자 몸이 다하면 백천만 겁토록 다시는 여인이 있는 세계에도 나지 않을 것인데, 하물며 다시 여자의 몸을 받겠는가?

다만 자비 원력으로 중생을 제도하기 위해 짐짓 받는 여자 몸은 말할 것이 없느니라.

이 지장보살을 공양한 힘과 지장보살의 공덕을 입은 까닭으로 백천만 겁토록 다시는 여자 몸을 받지 않느니라.
　보광보살이여! 또 만약 어떤 여인이 추하고 병이 많은 것을 싫어한다면, 다만 지장보살상 앞에 한 식경(食頃) 동안을 지극한 마음으로 우러러 절하더라도, 이 사람은 천만 겁 동안에 태어나는 몸이 상모(相貌)가 원만하고 모든 질병이 없을 것이며, 이 여인이 여자 몸을 싫어하지 않는다면 백천만억 겁 동안에 항상 왕녀나 왕비가 되고, 재상이나 명문가의 딸이 되어 단정하게 태어나고, 모든 상이 원만하리라. 지장보살을 지극한 마음으로 우러러 절을 한 까닭으로 이런 복을 얻느니라.

보광보살이여! 또 만약 어떤 선남자 선여인이 능히 지장보살의 상 앞에서 모든 기악을 지으며 노래 불러 찬탄하고, 향과 꽃으로 공양하며, 한 사람에게나 많은 사람에게 이를 권하더라도, 이러한 무리는 현세와 미래세에 항상 백천의 귀신들이 밤낮으로 보호하여서 나쁜 일은 귀에도 들리지 않게 할 것인데, 하물며 여러 횡액을 직접 받겠는가.

보광보살이여! 또 미래세에 만약 어떤 악인(惡人), 악신(惡神), 악귀(惡鬼)가 있어서, 선남자 선여인이 지장보살의 형상에 귀의하여 공경하고 공양하며 찬탄하고 첨례하는 것을 보고서, 혹은 망령되이 꾸짖어 훼방하고, 아무 공덕도 이익도 없는 것이라고 하면서 혹은 이빨을 드러내어 비웃고, 혹은 돌아서서는 비난하고, 혹은 남에게 권하여 함께 비난하고, 혹은 한 사람에게나 많은 사람에게 비난하여, 한 생각이라도 헐뜯고 비방한다면, 이런 사람은 현겁(賢劫)의 천불이 멸도하신 뒤까지라도 그 죄보로 아비지옥(阿鼻地獄)에 빠져서 극중한 죄를 받고, 이 겁이 지나서는 겨우 아귀(餓鬼)가 되고, 또 천 겁이 지나야 축생이 되고, 또다시 천 겁이 지나서야 비로소 사람의 몸을 얻게 되느니라.

비록 사람의 몸을 얻었어도 가난하고 미천하며 불구자가 되고, 게다가 악업이 그 몸에 잔뜩 맺혀서 이내 또다시 악도에 떨어지느니라.

보광보살이여! 딴 사람이 공양 올리는 것을 헐뜯고 비방하여도 오히려 이런 과보를 받거든, 하물며 별다른 악한 마음을 내어서 훼방하고 없애려 함이랴.

보광보살이여! 또 만약 미래세에 어떤 남자나 여인이 오래 병상에 누워서 살고자 하여도 죽으려 하여도 마음대로 되지 않고, 혹은 꿈속에 악귀나 집안 친족과 험한 길을 헤매며, 혹은 도깨비에

홀리고 귀신과 함께 놀고 하여 세월이 감에 따라 점점 파리해지고, 자면서도 처참하게 소리치며 괴로워하는 자는, 이것은 다 업도에서 죄의 경중을 결정하지 못하여서 죽기도 어렵고 나을 수도 없게 된 것이니, 남녀의 속된 눈으로는 판단할 수 없느니라.

이러할 때는, 다만 모든 불·보살의 상 앞에서 이 경을 높은 소리로 한 번이라도 읽고, 또는 병자가 아끼는 것을, 의복이나 보배나 장원이나 사택을 놓고서, 그 병자 앞에서 높은 소리로 외칠지니라.

'우리들은 병자를 위해서 경전과 불

상을 모신 앞에 이 재물을 바치는데, 혹은 경전과 불상에 공양하고, 혹은 불·보살의 형상을 조성하고, 혹은 탑이나 절을 짓고, 혹은 등불을 켜고 혹은 절에 시주합니다.'

이와 같이 세 번을 말하여 병자가 알아듣도록 하라.

가령 병자가 모든 의식이 흩어지고 기진한 자라도 하루나 이틀, 사흘, 내지 이렛 동안만 고성으로 그렇게 말해 주고 고성으로 독경하면, 이 사람은 명을 마친 뒤에 묵은 허물과 중죄로 오무간지옥에 가게 되었더라도 영원히 해탈하게 되고, 나는 곳마다 항상 숙명을 알 것인데, 하물며 선남자 선여인이 스스로 이 경을 쓰고, 혹은 남에게 쓰게 하고, 혹은 스스로 보살의 형상을 조성하고 그리며, 혹은 남에게 조성하고 그리게 한다면, 받게 되는 과보가 얼마나 크겠는가?

이러하므로 보광보살이여! 만약 어떤 사람이 이 경을 독송하고, 한 생각이라도 이 경을 찬탄하며, 혹은 이 경을 공경하는 자를 보거든, 그대는 꼭 백천 방편으로 이들에게 권하여서 정근한 마음이 물러나지 말도록 하여라.

그러면 능히 미래와 현재에 백천만억의 불가사의한 공덕을 얻게 되리라.

보광보살이여! 또 만약 미래의 세상에

모든 중생들이 꿈이나 잠결에 귀신들의 여러 형상이 나타나, 혹은 슬퍼하고, 혹은 울며, 혹은 근심하고, 혹은 탄식하고, 혹은 두려워 떠는 것을 보게 됨은, 이는 모두 다 한 생(一生)이나 열 생(十生)·백 생(百生)·천 생(千生)의 과거세의 부모, 형제자매, 부부, 권속들이 악도에서 벗어나지 못하여, 복력으로 구해 줄 곳이 아무데도 없으므로, 할 수 없이 숙세 혈육에게 호소하여 벗어나기를 원하는 것이니라.

보광보살이여! 그대는 신력으로 이런 권속들을 시켜서 모든 불·보살의 상 앞에 지극한 마음으로 이 경을 읽게 하고 혹은 사람을 청하여 읽게 하여서 세 번이나 일곱 번을 읽으면, 그 악도의 권속들이 경 읽는 소리가 편수를 마치자 바로 해탈하고 또 꿈이나 잠결에도 귀신들이 다시는 나타나지 않으리라.

보광보살이여! 또 미래세에 어떤 미천한 사람들이, 혹은 노비(奴婢)나 부자유한 사람들이 숙세의 업보인 것을 깨닫고 참회하고자 하거든 지극한 마음으로 지장보살의 형상을 우러러 절하면서 칠일 동안 보살의 명호를 염하여 만 번을 채우라.

그러면 지금의 보가 다한 뒤에는 천만 생 동안에 항상 존귀하게 태어나고 다시는 악도의 고통을 겪지 않으리라.

보광보살이여! 또 만약 미래세에 염부제 안에 사는 찰리족이나 바라문, 장자, 거사나 다른 종족의 어떤 사람이든 갓난 애기가 있다면 남자든 여자든 칠 일 안으로 이 불가사의한 경전을 읽어주고 또 보살의 명호를 염하여 만 번을 채워주면, 이 애기에게 있던 숙세(宿世)의 몹쓸 죄보가 풀어지고 안락하게 잘 자라며 수명도 더 늘게 되리라.

만약 복을 타고난 애기라면 더욱 안락하고 수명도 더하게 되리라.

보광보살이여! 또 미래세의 중생은 달마다 일 일(一日), 팔 일(八日), 십사 일(十

四日), 십오 일(十五日), 십팔 일(十八日), 이십삼 일(二十三日), 이십사 일(二十四日), 이십팔 일(二十八日), 이십구 일(二十九日), 삼십 일(三十日)에는 모든 죄를 모아 그 경중을 정하느니라.

남염부제 중생으로서 몸을 움직이고 생각하는 것이 업 아닌 것이 없고 죄 아닌 것이 없거늘, 하물며 방자한 마음으로 살생하고 도둑질하며 사음하고 거짓말하는 백천 가지 죄상이겠는가.

만약 능히 이 십재일(十齋日)에 불·보살과 모든 성현의 상 앞에서 이 경전을 한 번 읽으면, 동서남북 백유순(百由旬) 안에서는 모든 재난이 없어지고 그가 사는 집안의 어른이나 아이들이 현재와 미래의 백천 세에 영원히 악도를 여읠 것이며, 이 십재일마다 한 번씩 읽으면 현재의 그 집안에 모든 횡액이나 질병이 없어지고 의식이 풍족하리라.

이러하므로 보광보살이여! 지장보살에게는 이러한 말로 할 수도 없는 백천만억의 대위신력의 이익 되는 일이 있다는 것을 마땅히 알지니라.

염부제의 중생은 이 대사와 큰 인연이 있으니, 이 중생들이 이 보살의 이름을 듣고 이 보살의 형상을 보며 이 경에 석 자 다섯 자 혹은 한 게송 한 글귀라도 듣는 자는 현재에 아주 안락하고, 닥쳐

오는 미래세의 백천만생을 항상 존귀한 가문에 태어나 단정한 몸을 받으리라."

이때 보광보살이 부처님께서 지장보살을 찬탄하시는 것을 듣고는 무릎을 꿇어 합장하고 다시 부처님께 여쭈었다.

"세존이시여! 저는 이 대사께서 지닌 불가사의한 신력과 큰 서원력을 안 지 오래되오나 미래중생에게 알려서 이익을 주기 위하여 짐짓 부처님께 여쭈었나이다.

세존이시여! 이 경의 이름을 무엇이라 하오며, 저희가 어떻게 유포하오리까? 오직 분부를 모시고자 하옵니다."

부처님이 보광보살에게 이르셨다.

"이 경은 대체로 이름이 셋이니라. 하나는 지장보살본원경(地藏菩薩本願經)이며, 하나는 지장보살본행경(地藏菩薩本行經)이고, 하나는 지장보살본서원력경(地藏菩薩本誓願力經)이니라.

이 보살이 멀고먼 겁으로 오며 중대한 서원을 발하고 중생에게 이익을 주어 왔으니, 이런 까닭으로 그대들은 이 원에 따라 유포하도록 하라."

보광보살이 부처님의 말씀을 깊이 새겨듣고는 합장하고 공경하는 마음으로 절하고 물러갔다.

제7품
죽은 사람도 산 사람도 이익되는 품

그때 지장보살이 부처님께 아뢰었다.
"세존이시여! 제가 이 염부제의 중생을 살펴보니 몸을 움직이고 생각하는 것이 죄 아님이 없나이다. 혹 훌륭한 이를 만나더라도 대개가 처음에 낸 마음이 물러갑니다. 혹 악한 인연을 만나면 생각생각에 나쁜 것을 더해 갑니다.

이런 무리들은 마치 무거운 돌을 지고 진흙길을 걷는 것과 같아서, 갈수록 지치고 더 무거워져 발은 깊숙이 빠져드는 것과 같나이다.

다행히 선지식을 만나게 되면 그 짐을 덜어서 져다 주기도 하며 혹은 짐을 죄다 져 주기도 합니다.

이는 선지식에게 큰 힘이 있기 때문이옵니다. 그리고 또 서로 붙들어 도와서 다리를 튼튼하게 해주며, 평지에 이르게 되면 나쁜 길을 살펴보아 다시는 지나가지 않도록 하여 줍니다.

세존이시여! 악을 익힌 중생은 하찮은 것에서 문득 한량없는 죄를 저지르고 맙니다.

 이런 악습이 있는 중생들이 임종할 때는 그 남녀 권속들이 마땅히 그를 위해 복을 닦아 앞길을 도와주되, 혹은 깃발을 달고 등불을 밝히며, 혹은 존중한 경을 읽어주고, 혹은 불상과 성상(聖像)에 공양하며, 내지 부처님과 보살·벽지불을 염하되, 한 분의 명호를 한 번 부르더라도 임종하는 사람의 귀에 들어가게 하고 혹은 본식(本識)에 듣게 하면, 그런 중생들이 지은 악업으로서는 반드시 나쁜 곳에 떨어질 것이로되, 그 권속들이 임종하는 사람을 위해 성스런 인(因)을 닦았으므로 그러한 뭇죄가 다 소멸되옵니다.

만약 그가 죽은 뒤 칠칠일(四十九日) 동안에 다시 여러 가지 좋은 공덕을 지어주면, 능히 그 중생으로 하여금 영원히 나쁜 곳을 여의게 하고, 인간이나 천상에 태어나 아주 묘한 낙(樂)을 받게 하며, 현재의 권속들도 이익이 한량없사옵니다.

이런 까닭으로, 제가 이제 부처님을 모시고 천·룡·팔부와 인·비인 등에 대하여, 염부제 중생들이 임종하는 날 삼가 살생하지 말고, 악연을 짓지 말며, 귀신이나 도깨비들에게 제사 지내고 절하여 구하지 말도록 권하여 주기 바라옵니다.

  왜냐하면, 저 산 목숨을 죽이거나 귀신에게 제사 지내는 것으로는 털끝만큼도 망인을 이롭게 하는 힘이 없을뿐더러, 죄연(罪緣)만 맺어서 더욱 깊고 무겁게 하기 때문입니다.

  가령 내세나 현재생에 성스러운 연분을 얻게 되어 인간이나 천상에 태어나게 되었더라도, 임종할 때에 그 권속들이 악(惡)을 지으면 그 원인으로 이 죽는 사람에게 몹쓸 누가 되어서 좋은 곳에 태어남이 늦어지거늘, 더구나 임종하는 사람이 생전에 일찍이 자그마한 선근도 없었다면 본래 지은 업을 따라 스스로 악도를 받아 갈 것인데, 어찌 차마 권속들이 업을 또 보태리까.

비유하건대, 어떤 사람이 먼 곳에서 오는데 굶은 지 사흘이 되고 짊어진 물건은 백 근이 넘는데, 우연히 이웃 사람을 만나 또 작은 보따리를 덧붙인다면, 이래서 더욱 지쳐버리는 것과 같나이다.

세존이시여! 제가 보아하니 염부제 중생이 능히 불교 가운데서 착한 일을 한 터럭 · 한 물방울 · 한 모래알 · 한 티끌만큼만 하였더라도 이로 인한 이익은 모두 다 자기가 얻게 되옵니다."

그때 회중에 한 장자가 있었으니 이름

은 대변(大辯)이라 하였다.

이 장자는 오래전에 무생(無生)을 증득하고 시방중생을 교화하느라고 장자의 몸을 드러냈는데, 합장하고 공경하는 마음으로 지장보살께 물었다.

"지장보살이여, 이 남염부제 중생이 수명을 다한 뒤에 그의 권속들이 공덕을 닦거나 재를 베풀어 여러 가지 좋은 인연을 맺어주면 죽은 사람이 큰 이익을 얻어 해탈케 되나이까?"

지장보살이 대답하였다.

"장자여! 내가 이제 미래와 현재의 모든 중생을 위하여 부처님의 위력을 모시고서 그것을 대략 말하리다.

장자여! 미래 현재의 모든 중생들이 임종할 때에, 한 부처님 명호나 한 보살님 명호나 한 벽지불의 명호만 들어도 죄가 있고 없고를 물을 것 없이 다 해탈하게 됩니다.

만약에 어떤 남자나 여인이 살아 있을 때에 착한 인연을 닦지 않고 여러 가지 죄만 잔뜩 지었더라도, 명을 마친 뒤에 대소 권속들이 그를 위해 온갖 거룩한 일을 닦아 복되게 하여 주면, 그 공덕의 칠(七) 분의 일(一)은 망인이 얻고 나머지 공덕은 산 사람의 차지가 됩니다.

이러하므로 미래와 현재의 선남선녀들은 이 말을 잘 듣고 스스로 닦아야 그 공덕을 모조리 얻게 됩니다.

　무상한 죽음의 귀신이 기약 없이 닥쳐오면, 어둠 속을 헤매는 혼신이 자신의 죄와 복을 알지 못하고 사십구일(四十九日) 동안을 바보처럼 귀머거리처럼 되었다가, 중생의 죄업을 심판하는 곳에서 그의 업과(業果)를 변론하고 결정한 뒤에야 그의 업대로 다시 태어나게 됩니다.

　앞길을 예측할 수 없는 그 사이에도 근심과 고통이 천만 가지인데, 하물며 저 악도에 떨어졌을 때이리까?

　이 명을 마친 사람이 아직 새로운 생을 받지 못하는 사십구일(四十九日) 동안에는 생각생각에 혈육 권속들이 그를 위해 복을 지어 고통에서 구출하여 주기를 바라다가 사십구일(四十九日)이 지나면 업을 따라 보를 받게 됩니다.

만약 그가 죄업이 깊은 사람이라면 천년 만 년을 지나도 해탈할 날이 없을 것이요, 만약 무간죄를 지어서 대지옥에 떨어진다면 천 겁 만 겁토록 길이 온갖 고통을 받게 됩니다.

장자여! 또 이런 죄업 중생이 명을 마친 뒤에 혈육 권속들이 망자를 위해 재를 베풀어 가는 길을 도와주되, 아직 재식을 마치기 전이거나 재를 마련할 적에 쌀뜨물이나 채소 찌꺼기 등을 함부로 땅에 버리지 말고, 모든 음식을 부처님과 스님께 올리기 전에 먼저 먹지 말아야 합니다.

만약에 이를 어겨 먼저 먹거나 정근치 않으면, 이 망자는 결국에 복력을 얻지 못하게 됩니다.

만약 능히 정성스럽게, 깨끗하게 부처님과 스님께 받들어 올리면 이 망자가 그 공덕의 칠(七) 분의 일(一)을 얻게 됩니다.

장자여! 이러하므로 염부제 중생이 능히 그 부모나 권속을 위하여, 목숨이 다한 뒤에 재를 베풀어 공양하되, 지극한 마음으로 정성껏 하면 죽은 사람도 산 사람도 다 함께 이익을 얻게 됩니다."

이 말을 할 때, 도리천궁에 있던 천만억 나유타의 염부제 귀신들이 모두 다 한량없는 보리심을 발하였고, 대변장자는 가르침을 받들고 기뻐하면서 절을 하고 물러갔다.

제8품
염라왕들을 찬탄하시는 품

그때 철위산 속에 있는 한량없는 귀왕(鬼王)들이 염라천자(閻羅天子)와 더불어 함께 도리천에 올라와 부처님 처소에 이르렀다.

이를테면 악독귀왕(惡毒鬼王), 다악귀왕(多惡鬼王), 대쟁귀왕(大爭鬼王), 백호귀왕(白虎鬼王), 혈호귀왕(血虎鬼王), 적

호귀왕(赤虎鬼王),　산앙귀왕(散殃鬼王),
비신귀왕(飛身鬼王), 전광귀왕(電光鬼王),
랑아귀왕(狼牙鬼王), 천안귀왕(千眼鬼王),
담수귀왕(噉獸鬼王), 부석귀왕(負石鬼王),
주모귀왕(主耗鬼王), 주화귀왕(主禍鬼王),
주복귀왕(主福鬼王), 주식귀왕(主食鬼王),
주재귀왕(主財鬼王), 주축귀왕(主畜鬼王),
주금귀왕(主禽鬼王), 주수귀왕(主獸鬼王),
주매귀왕(主魅鬼王), 주산귀왕(主産鬼王),
주명귀왕(主命鬼王), 주질귀왕(主疾鬼王),
주험귀왕(主險鬼王), 삼목귀왕(三目鬼王),
사목귀왕(四目鬼王), 오목귀왕(五目鬼王),
기리실왕(祁利失王),　대기리실왕(大祁利失王),　기리차왕(祁利叉王),　대기리차왕

(大祁利叉王), 아나타왕(阿那吒王), 대아나타왕(大阿那吒王) 같은 이런 큰 귀왕들이 각기 백천의 작은 귀왕들을 데리고 모두 염부제에 살면서 각각 맡은 소임이 있고 각기 머무는 곳이 따로 있었다.

이 모든 귀왕들이 염라천자와 더불어 부처님의 위신력과 지장보살의 거룩한 힘을 받들어 함께 도리천(忉利天)에 올라와 한쪽에 선 채로 있었다.

이때에 염라천자가 무릎을 꿇어 합장하고 부처님께 여쭈었다.

"세존이시여! 저희들이 이제 모든 귀왕들과 더불어 부처님의 위신력과 지장보살마하살의 신력을 받들고 이 도리천궁의 큰 법회에 오게 된 것은, 역시 저희들도 좋은 이익을 얻으려는 것입니다.

제가 이제 조금 의심되는 일이 있어서, 세존께 감히 묻사오니, 자비로 저를 위해 말씀하여 주옵소서."

부처님이 염라천자에게 말씀하셨다.

"그대는 마음대로 물어라. 내가 그대를 위해 말해 주리라."

이때 염라천자가 세존을 우러러 예배드리고는 지장보살을 휘 돌아보고 부처님께 아뢰었다.

"세존이시여! 제가 지장보살을 살펴보니 육도 중에 계시면서 백천 가지 방편으로 고통 받는 중생들을 건지시며 피로도 괴로움도 마다하지 않으십니다.

이 대보살에게는 이와 같은 불가사의한 신통한 일이 있사오나, 그래도 중생들은 죄보에서 벗어났다가는 오래지 않아 또 악도에 빠지나이다.

세존이시여! 이 지장보살에게는 이미 그런 불가사의한 신력이 있는데도, 어찌하여 중생들은 선도(善道)에 의지하여 영원한 해탈을 얻지 못하옵니까?

바라옵건대 세존이시여! 저를 위하여 해설하여 주옵소서."

부처님이 염라천자에게 말씀하셨다.

"남염부제 중생은 그 성품이 억세고 거칠어서 조복하기가 어렵고 어려워도,

이 대보살이 백천 겁으로 그런 중생들을 하나하나 구해내어 일찍이 해탈토록 하고 있느니라.

그러한 죄인들을, 모진 악도에 떨어진 자까지도 보살이 방편으로 그들의 근본 업연에서 구출하여 숙세의 일을 깨닫게 해주건만, 이 염부제 중생들은 스스로 악습에 젖음이 중하여 금방 나왔다가는 금방 들어가곤 하여서, 이 보살이 수고롭게도 여러 겁으로 오래 제도하여야 되게 하느니라.

비유하자면, 어떤 사람이 미실하여 본 집을 잃고 험한 길로 들어섰는데, 그 길에는 숱한 야차와 호랑이, 사자, 독사 따위가 많아서, 그 사람이 이 길에 들어서자마자 저 여러 독물과 곧 마주치게 되었느니라.

그때 한 선지식이 있어서, 큰 술법을 많이 알고서 저런 독물을 잘 막아 낼 수 있는 분이었는데, 갑자기 미한 사람이 그 험한 길로 가고자 하는 것을 보고 이 선지식이 말하였느니라.

'이 딱한 사람아! 어쩌자고 이런 길로 들어섰는가? 무슨 기이한 술법이라도 있어서 저 모든 독물을 막아낼 수 있다는 말인가?'

그 사람이 이 말을 듣고서야 비로소 험로(險路)임을 깨닫고 곧 물러서며 여기서 벗어나고자 하였느니라.

이때 그 선지식이 손을 잡고 이끌어 독물을 막으며 좋은 길로 인도하여 안전하게 해주고는 또 말하였느니라.

'이 딱한 사람아, 이 다음부터는 저 길을 밟지 마소. 저 길로 들어가면 좀체로 벗어날 수도 없고, 게다가 목숨을 잃게 된다오.'

길 잃었던 사람은 감동하였다. 서로 작별할 때에 선지식이 또 말하였느니라.

'만약 모든 길 가는 사람을 보거든 친지거나, 아니거나, 남자든, 여자든 간에 저 길에는 여러 가지 사나운 독물이 많아서 목숨을 잃게 된다고 말해 주어, 그

들이 스스로 죽음을 취하지 않도록 하시오.'

이와 같이 말하는 것과 같으니라.

이렇게 지장보살이 대자대비를 갖추어 죄고중생(罪苦衆生)을 구출하여 천상이나 인간에 태어나게 하고, 안락을 누리게 하여 주면, 그들이 업도의 괴로움을 알고서 거기를 벗어나 다시 겪어가지 않는 것은, 저 길 잃은 사람이 험로에 잘못 들어갔다가 선지식을 만나 이끌려 나오게 되어 영영 다시는 들어가지 않는 것과 같고, 또 다른 사람을 만나서도 들어가지 말도록 권하면, 자연히 이 미한 것으로 인하여 해탈케 되고 다시는 악도에 들어가지 않는 것과 같으니라.

만약 거듭 그 길을 밟는다면, 아직도 미혹하여 옛적에 빠졌던 험로임을 깨닫지 못하여서 혹은 목숨을 잃기도 하나니, 마치 악도에 떨어진 중생을 지장보살이 방편력으로 해탈케 하여 인간이나 천상에 태어나게 하여도 얼른 또다시 악도에 들어가는 것과 같으니라.

만약 업이 중하게 맺혔다면 길이 지옥에 처하게 되어 벗어날 때가 없으리라."

이때 악독귀왕이 합장하고 공경하는 마음으로 부처님께 아뢰었다.

"세존이시여! 저희들 귀왕은 그 수가 한량없사옵니다.

염부제에 있으면서 혹은 사람에게 이익을 주기도 하고, 혹은 사람에게 손해를 끼치기도 하여, 각각 다른 것은 업보로 그러하옵니다.

제가 권속들을 시켜 세계를 돌아다니게 하여 보면 악한 것이 많고 선한 것은 적사옵니다.

사람의 가정이나 혹은 성읍, 마을, 장원(莊園), 주택을 지나다가, 혹 어떤 남자나 여인이 터럭만큼이라도 착한 일을 하는 것을 보면, 이를테면 불법을 찬양하는 깃발이나 일산을 하나 달든지, 약간의 향과 꽃을 불·보살상 앞에 올리든지, 혹은 존중한 경전을 독송하면서 한 구절 한 게송에 향을 사르어 모시든지 하는 것만 보아도, 저희들 귀왕은 이 사람에게 경례하되 과거, 현재, 미래의 모든 부처님과 같이 하옵니다.

또한 큰 힘이 있거나, 토지를 맡은 작은 귀신들로 하여금 이들을 보호토록 하여 몹쓸 횡액과 모진 병과 뜻과 같잖은 일들이 그 집에 얼씬도 못하게 할 것인데, 하물며 그 집안에 들게 하리까?"

부처님께서 귀왕을 찬탄하셨다.

"착하고 착하도다. 그대들이 염라천자와 더불어 능히 그렇게도 선남자 선여인을 옹호한다니 나도 역시 범왕(梵王) 제석(帝釋)에게 일러서 그대들을 보호토록 하리라."

이 말씀을 하실 때, 회 중에 있던 주명(主命)이라는 귀왕이 부처님께 아뢰었다.

"세존이시여! 저는 본 업연으로 염부제 사람의 수명을 맡았나이다. 날 때나 죽을 때를 제가 모두 주관하옵니다.

제 본원(本願)으로는 저들을 매우 이롭게 하려는 것이오나, 중생들은 제 뜻을 알지 못하고 나고 죽으면서 모두 편안함을 얻지 못하나이다.

이 염부제 사람들이 처음 낳을 때에, 남녀를 가리지 않고 출산할 즈음에 착한 일만 하여 집안을 더 이롭게 하면 자연히 토지신이 한없이 기뻐하면서 애기와 어머니를 옹호하여 아주 편안토록 하고 권속도 이롭게 하나이다.

자식을 낳은 뒤에는 삼가 살생을 하지 말아야 하는데도 여러 가지 비린 것을 장만하여 산모에게 먹이며, 또 권속들이 모여 술을 마시고 고기를 먹으며, 노래 부르고 풍악을 울려 즐긴다면, 모자(母子)로 하여금 편안치 못하게 하는 것이 되옵니다.

왜냐하면, 해산을 할 때면 무수한 악귀와 도깨비들이 비린내 나는 피를 먹으려 하는 것을 제가 사택(舍宅), 토지의 신들로 하여금 모자를 잘 돌보게 하여서 편안케 해주나이다.

그 사람들이 안락함을 얻었으면 마땅히 복을 베풀어 토지신들에게 보답해야 될 터인데, 도리어 산목숨을 죽여서 권속들이 잔치를 벌이오니, 이로써 재앙을 스스로 범하고 받으며 모자에게도 함께 손상을 입게 되옵니다.

또한 염부제에서 임종(臨終)하는 사람이면 선악을 묻지 않고 악도에 빠지지 않도록 제가 애를 쓰고 있사온데, 하물며 스스로 선근(善根)을 닦아 저의 힘을 도와주는 사람이겠나이까.

이 염부제에서는 선행을 하였다는 사람이 임종할 때도 역시 백천이나 되는 악독한 귀신들이 혹 부모나 권속으로

둔갑하여 나타나 망인을 이끌어 악도에 빠지게 하거늘, 하물며 본래로 악을 지은 자이오리까.

세존이시여! 이러한 염부제의 남자나 여인이 임종할 때에 정신에 아득하여 선악을 분간하지 못하고, 눈과 귀로는 전혀 보고 듣지 못하나이다.

이러하므로 그 권속들은 꼭 큰 공양을 베풀고 존중한 경을 읽으며 불·보살의 명호를 염하여야 되옵니다. 이러한 좋은 인연은 능히 망자로 하여금 모든 악도를 여의게 하고 모든 마귀신(魔鬼神)을 흩어지게 하나이다.

세존이시여! 일체중생이 임종할 때,

만약 한 부처님 명호나 한 보살님 명호만 들어도, 혹은 대승경전의 한 구절 한 게송만 들어도, 제가 보니 이런 사람들은 오무간지옥에 갈 살생죄도 없어지고, 소소한 악업으로써 악도에 떨어질 자라도 바로 해탈케 하겠나이다."

부처님께서 주명귀왕에게 이르셨다.

"그대는 크게 자비하여 능히 그러한 큰 원을 세우고 나고 죽는 곳에서 모든 중생을 보살피는구나.

만약 미래세에 어떤 남자나 여인이 나고 죽고 할 때에 그대는 그 서원을 저버리지 말고 모두들 해탈시켜 길이 안락을 누리도록 하라."

주명귀왕이 부처님께 말씀드렸다.

"바라옵건대, 염려하지 마옵소서. 제가 이 몸이 다 하도록 생각생각에 염부제 중생을 옹호하여 날 때나 죽을 때에 모두 안락을 얻게 하오리다.

다만 그들이 제 말을 믿고 모두들 해탈하여서 큰 이익을 얻는 것만이 제 소원이옵니다."

이때 부처님께서 지장보살에게 말씀하셨다.

"수명을 맡은 이 대귀왕은 이미 백천생을 지내면서 대귀왕이 되어 나고 죽는 곳에서 중생을 옹호하고 있지만, 이는 보살이 자비원력으로 대귀왕의 몸을 나타낸 것이요 실은 귀왕이 아니니라.

앞으로 일백칠십(一百七十) 겁을 지나서 이 대귀왕은 성불할 것이며, 명호를 무상여래(無相如來)라 하고, 겁(劫)의 이름은 안락(安樂)이며, 세계의 이름은 정주(淨住)이고, 그 부처님 수명은 헤아릴 수 없는 겁이 되리라.

지장보살이여! 이 대귀왕의 일이 이렇게 불가사의하고, 그가 제도한 천상 사람과 세간 사람도 또한 한량이 없느니라."

제9품
부처님 명호를 일컫는 품

그때 지장보살마하살이 부처님께 아뢰었다.

"제가 지금 미래 중생을 위해서 이익될 일을 연설하여 생사고해 중에서 큰 이익을 얻도록 할까 하오니, 바라옵건대 세존께서는 허락하여 주옵소서."

부처님이 지장보살에게 말씀하셨다.

"그대가 이제 자비심을 일으켜 육도의 모든 고통 받는 중생을 건져내려고 불가사의한 일을 말하고자 하는구나.

지금이 바로 그때로다. 마땅히 어서 설할지니라. 나는 곧 열반하리니, 그대의 그 서원을 빨리 마치게 하면, 나도 또한 현재와 미래의 일체중생에게 근심이 없게 되리라."

지장보살이 부처님께 말씀드렸다.

"세존이시여! 과거 한량없는 아승지겁에 부처님이 세상에 출현하셨으니 호를 무변신여래(無邊身如來)라 하였사옵니다.

만약 어떤 남자나 여인이 이 부처님

명호를 듣고 잠깐이라도 공경심을 낸다면 바로 사십(四十) 겁의 생사중죄(生死重罪)를 벗어나게 되옵거늘, 하물며 그 부처님의 형상을 그리거나 만들어 공양하고 찬탄함이겠습니까? 그 사람은 한량없고 가없는 복을 얻으리라.

또 과거 항하사 겁에 부처님이 세상에 출현하셨으니 호를 보승여래(寶勝如來)라 하였사옵니다.

만약 어떤 남자나 여인이 이 부처님 명호를 듣고 손가락 한 번 튕기는 사이라도 귀의하는 마음을 낸다면, 이 사람은 무상도(無上道)에서 영원히 물러남이 없게 될 것입니다.

또 과거세에 부처님이 세상에 출현하셨으니 호를 파두마승여래(波頭摩勝如來)라 하였사옵니다.

만약 어떤 남자나 여인이 이 부처님 명호를 들어서 귀를 거치게 되면, 이 사람은 마땅히 육욕천(六欲天)에 천 번을 태어날 것인데, 하물며 지극한 마음으로 염불함이겠습니까?

또 과거 말로 다할 수도 없는 아승지겁에 부처님이 세상에 출현하셨으니 호를 사자후여래(獅子吼如來)라 하였사옵니다.

만약 어떤 남자나 여인이 이 부처님 명호를 듣고 일념으로 귀의하면, 이 사람은 한량없는 여러 부처님을 만나서 마정수기(摩頂授記)를 받으리다.

또 과거세에 부처님이 세상에 출현하셨으니 호를 구류손불(拘留孫佛)이라 하였사옵니다.

만약 어떤 남자나 여인이 이 부처님 명호를 듣고 지극한 마음으로 우러러 예배하고, 더구나 또 찬탄한다면, 이 사람은 현겁(賢劫)의 천불회상에서 대범천(大梵天)이 되어서 으뜸가는 수기를 받으리다.

또 과거세에 부처님이 세상에 출현하셨으니 호를 비바시불(毗婆尸佛)이라 하였사옵니다.

만약 어떤 남자나 여인이 이 부처님 명호를 들으면 길이 악도에 떨어지지 않고 항상 인간이나 천상에 태어나 아주 묘한 낙을 받으리다.

또 과거 무량 무수한 겁에 부처님이 세상에 출현하셨으니 호를 다보여래(多寶如來)라 하였사옵니다.

만약 어떤 남자나 여인이 이 부처님 명호를 들으면 끝내 악도에 떨어지지 않고 항상 천상에 있으면서 아주 묘한 낙을 받으리다.

또 과거세에 부처님이 세상에 출현하셨으니 호를 보상여래(寶相如來)라 하였사옵니다.

만약 어떤 남자나 여인이 이 부처님 명호를 듣고 공경심을 낸다면 이 사람은 오래지 않아 아라한과(阿羅漢果)를 얻으리다.

또 과거 무량 무수한 겁에 부처님이 세상에 출현하셨으니 호를 가사당여래(袈裟幢如來)라 하였사옵니다.

만약 어떤 남자나 여인이 이 부처님 명호를 들으면 곧 일백 대겁 동안 나고 죽고 한 죄를 벗어나게 되옵니다.

또 과거세에 부처님이 세상에 출현하셨으니 호를 대통산왕여래(大通山王如來)라 하였사옵니다.

만약 어떤 남자나 여인이 이 부처님

명호를 들으면, 이 사람은 항하의 모래 수와 같은 많은 부처님을 만나서 널리 설법하심을 듣고 반드시 보리도를 이루리다.

또 과거세에 정월불(淨月佛), 산왕불(山王佛), 지승불(智勝佛), 정명왕불(淨名王佛), 지성취불(智成就佛), 무상불(無上佛), 묘성불(妙聲佛), 만월불(滿月佛), 월면불(月面佛) 같은 말할 수도 없는 여러 부처님이 계셨나이다.

세존이시여! 현재나 미래의 일체중생이, 만약 하늘이거나 인간이거나 남자거나 여자거나, 단 한 부처님 명호만 염하여도 그 공덕이 한량없거늘, 하물며 많은 부처님 명호를 염함이겠습니까. 이 중생들은 날 때나 죽을 때나 스스로 큰 이익을 얻어 끝내 악도에 떨어지지 않으리다.

만약 임종하는 사람이 있다면, 그 집안 권속이 한 사람이라도 이 병자를 위하여 높은 소리로 한 부처님 명호만 염하여도, 명을 마치는 이 사람은 오무간대죄(五無間大罪)가 없어지고 나머지 업보 따위도 다 소멸되옵니다.

이 오무간대죄(五無間大罪)가 너무나 무거워서 비록 억겁을 지내어도 도저히 헤어날 수 없는 것이지만, 임종할 때에 다른 사람이 그를 위해 부처님 명호를 불러 주어도 저런 중죄가 또한 점차로 소멸되거늘, 하물며 그 중생 스스로가 염불을 함이겠나이까. 한량없는 복을 얻고 한량없는 죄가 소멸되나이다."

제10품
보시한 공덕을 비교하는 품

그때 지장보살마하살이 부처님의 위신력을 받들고 자리에서 일어나 무릎을 꿇어 합장하고 부처님께 아뢰었다.

"세존이시여! 제가 업도(業道) 중생의 보시 공덕을 비교하여 헤아려 보니 가볍고 무거움이 있어서 한 생(一生)만 복을 받는 이도 있고, 열 생(十生) 동안 복을 받는 이도 있고, 백 생(百生) 천 생(千生)토록 큰 복을 받는 이도 있사오니, 이것은 어떤 일이옵니까?

원컨대 세존이시여! 저를 위하여 말씀하여 주옵소서."

이때 부처님께서 말씀하셨다.

"내가 이제 일체대중이 모인 도리천궁 법회에서 염부제의 보시 공덕의 경중(輕重)을 비교하여 말하리니, 그대는 자세히 들으라. 내가 그대를 위해 말하리라."

지장보살이 부처님께 아뢰었다.

"저는 그것이 의심되오니, 이제 즐거이 듣고자 하옵니다."

부처님께서 말씀하셨다.

"남염부제에 있는 모든 국왕이나 재상, 대신, 대장자, 대찰리, 대바라문들이 가장 빈궁한 자나 꼽추, 벙어리, 귀머거리, 장님 같은 온갖 불구자를 만나서 이 대국왕 등이 보시하고자 할 때, 만약 능히 큰 자비심으로 겸손하게 웃음을 머금고 손수 두루 보시하거나 혹은 사람을 시켜 베풀며 부드러운 말로 위로한다면, 이 국왕 등이 얻게 되는 복리는 백 항하사(百恒河沙) 부처님께 보시한 공덕과 같으니라.

왜냐하면 저런 높고 귀한 자리에 있는 이들이 가장 비천한 무리와 불구자들에게 큰 자비심을 낸 까닭이니라.

따라서 그만한 복이 생겨 백천 생(百千生)에 언제나 칠보(七寶)가 가득할 것인데, 하물며 의복과 음식 같은 일용품이랴.

지장보살이여! 또 만약 미래세에 모든 국왕이나 바라문들이 부처님의 탑사(塔寺)나 혹은 부처님 형상(形像)이나 보살, 성문, 벽지불의 형상을 만나, 몸소 힘을 써서 마련하여 공양하고 보시한다면 이 국왕 등은 마땅히 삼 겁 동안 제석천(帝釋天)이 되어 아주 미묘한 낙을 받으리라.

만약 능히 이 보시한 복리를 법계에

회향한다면, 이 대국왕 등은 십 겁(十劫) 동안에 항상 대범천왕(大梵天王)이 되리라.

지장보살이여! 또 만약 미래세에 모든 국왕이나 바라문들이 옛 부처님의 탑묘(塔廟)나 경전 불상이 허물어지고 파손된 것을 보았을 때, 능히 마음을 내어서 보수하되, 이 국왕 등이 스스로 힘써 마련하거나 혹은 딴 사람들에게 권하여서 보시 인연을 많이 맺어준다면, 이 국왕 등은 백천 생에 항상 전륜왕(轉輪王)의 몸이 될 것이요, 함께 보시한 딴 사람들은 백천 생에 항상 작은 국왕의 몸이 되리라.

더구나 탑묘 앞에 회향(回向)할 마음을 낸다면, 이 같은 국왕과 저 모든 사람들이 다 불도를 이루리니, 이 과보는 한량없고 끝이 없느니라.

지장보살이여! 또 미래세에 모든 국왕이나 바라문들이 늙고 병든 자와 해산하는 부녀들을 보고서, 만약 한 생각 동안이라도 큰 자비심을 내어서 의약, 음식, 와구(臥具)를 보시하여 편안케 하여 준다면, 이러한 복리는 아주 부사의하여서 일백 대겁 동안을 항상 정거천(淨居天)으로 태어나며, 이백 대겁 동안은 항상 육욕천(六欲天)으로 태어나리라.

그래서 영원히 악도에 떨어지지 않고

백천 생에 괴로운 소리가 귀에 들리지도 않을 것이며, 필경에는 성불하리라.

지장보살이여! 또 만약 미래세에 모든 국왕이나 바라문들이 능히 이 같은 보시를 한다면 한량없는 복을 얻고, 더구나 능히 법계에 회향한다면 많고 적고를 물을 것 없이 필경에는 부처를 이루거늘, 하물며 제석(帝釋) 범천(梵天)의 하느님이나 전륜왕의 과보이랴.

이러므로 지장보살이여! 중생들에게 널리 권하여 마땅히 이렇게 배우도록 하라.

지장보살이여! 또 미래세에 만약 선남자 선여인이 불법 중에서 털끝만큼 티끝만큼의 작은 선근(善根)을 심어도 받게 되는 복리는 무엇으로도 비유할 수도 없느니라.

지장보살이여! 또 미래세에 만약 어떤 선남자 선여인이 부처님 형상이나 보살, 벽지불, 전륜왕의 형상을 만나서 보시 공양한다면, 항상 인간이나 천상에서 아주 미묘한 안락을 누릴 것이며, 만약 능히 법계에 회향한다면 이 사람의 복리는 비유도 할 수 없느니라.

지장보살이여! 또 미래세에 만약 어떤 선남자 선여인이 대승경전(大乘經典)을 만나 혹 한 게송 한 구절을 듣고 소중한 마음을 내어 찬탄 공경하고 보시 공양한다면, 이 사람은 한량없고 가없는 큰 과보를 얻고, 만약 능히 법계에 회향한다면 복은 무엇으로도 비유할 수 없느니라.

지장보살이여! 또 만약 미래세에 어떤 선남자 선여인이 부처님의 탑사나 대승 경전을 만나 새 것은 보시 공양하며 우러러 예배하고 찬탄 공경하며, 혹은 오래되어 헐고 무너진 것을 만나거든 보수하여 고치되, 혹은 혼자서 마음을 내어 하거나 혹은 남에게 권하여 함께 하거나 한다면, 이런 무리들은 삼십(三十) 생 동안을 항상 작은 국왕이 되고 단월(檀越)이 된 사람은 항상 전륜왕(轉輪王)

이 되어 착한 법으로써 작은 국왕들을 교화하리라.

지장보살이여! 또 미래세에 만약 어떤 선남자 선여인이 불법 중에서 혹은 보시 공양하고 혹은 탑과 절을 보수하고 혹은 경전을 잘 꾸며서 선근을 심되, 비록 한 터럭, 한 티끌, 한 모래, 한 물방울만한 착한 일이라도 다만 능히 법계에 회향한다면, 이 사람은 그 공덕으로 백천(百千) 생에 으뜸가는 미묘한 안락을 누릴 것이다.

다만 자기 집 권속이나 자신의 이익만을 위해서 회향한다면, 이런 과보는 삼생(三生)의 낙이 될 뿐이니라. 하나로써

만 가지 복을 얻게 되나니, 지장보살이여! 보시의 인연이 이러하니라."

제11품
지신이 법을 옹호하는 품

그때 견뢰지신(堅牢地神)이 부처님께 아뢰었다.

"세존이시여! 제가 예부터 오면서 한량없는 보살마하살을 우러러 정례하였사온데, 모두가 불가사의한 큰 신통력과 지혜로써 널리 중생을 제도하시지만, 이 지장보살마하살은 저 모든 보살들보다도 서원이 더 깊고 무겁나이다.

세존이시여! 이 지장보살은 염부제에 큰 인연이 있나이다.

저 문수보살(文殊菩薩), 보현보살(普賢菩薩), 관음보살(觀音菩薩), 미륵보살(彌勒菩薩)도 역시 백천 가지 몸으로서 육도(六道) 중생을 제도하시지만 그 원은 오히려 끝이 있사오나, 이 지장보살은 육도의 일체중생을 교화하시며 서원을 발한 겁(劫)의 수가 천백억 항하사와 같나이다.

세존이시여! 제가 살펴보니 미래나 현재의 중생들이 사는 곳에서 남쪽 정결한 땅에 흙, 돌, 대나무 등으로써 집을 지어, 그 속에 지장보살의 형상을 탱화나 금, 은, 동, 철로 조성하여 모시고 향을 사르어 공양하며 우러러 예배하고 찬탄하면, 이 사람은 사는 곳에서 곧 열 가지 이익을 얻게 되옵니다.

그 열 가지는 이와 같습니다.

첫째, 토지에 풍년이 들 것입니다.

둘째, 집안이 항상 편안해질 것입니다.

셋째, 먼저 죽은 권속들이 천상에 태어날 것입니다.

넷째, 살아있는 가족들은 수명이 연장될 것입니다.

다섯째, 구하는 것이 뜻대로 이루어질

것입니다.

여섯째, 화재나 수재가 없을 것입니다.

일곱째, 재물이 헛되이 소모되는 것이 없을 것입니다.

여덟째, 악몽을 꾸지 않을 것입니다.

아홉째, 출입할 때 신장(神將)이 보호할 것입니다.

열째, 좋은 인연을 많이 만나게 될 것입니다.

세존이시여! 미래세나 현세의 중생이 만약 머물러 사는 곳에서 능히 이러한 공양을 지으면 이와 같은 이익을 얻게 되옵니다."

견뢰지신이 다시 부처님께 아뢰었다.

"세존이시여! 미래세에 만약 어떤 선남자 선여인이 살고 있는 곳에서 이 경전과 보살의 형상을 모시고, 이 사람이 능히 경전을 읽으며 보살에게 공양하면, 제가 언제나 밤낮으로 저의 본래의 신력(本神)으로써 이 사람을 호위하여 물, 불, 도적과 크고 작은 횡액이나 온갖 나쁜 일은 다 없게 하오리다."

부처님께서 견뢰지신에게 이르셨다.

"견뢰지신이여! 그대의 큰 신력에는 모든 신(神)들이 따르기 어렵도다. 왜냐하면 염부제의 토지가 모두 그대의 보호를 받으며 풀, 나무, 모래, 돌, 곡식,

보배 등 땅으로 해서 있는 것은 모조리 그대의 힘을 입기 때문이고, 또 그대가 지장보살의 이익에 대하여 찬탄하고 있으니, 그대의 공덕과 신통은 보통 지신들보다 백천 배가 되느니라.

만약 미래세에 어떤 선남자 선여인이 지장보살을 공양하며 이 경전을 독송하되, 이 지장본원경에 의지하여 다만 한 가지 일이라도 실천한다면, 그대가 본래의 신력으로써 그를 옹호하여 온갖 재해와 여의찮은 일이 귀에 들리지도 않게 할 것인데, 하물며 받게 하겠는가.

단지 그대만이 이 사람을 옹호하는 것이 아니라, 또한 제석(帝釋) 범천(梵天)의

하느님 권속이며 온갖 하늘의 권속들도 이 사람을 옹호하느니라. 어찌하여 이러한 성현들의 옹호를 받게 되는고?

이는 다 지장보살의 형상에 우러러 예배하고 이 지장본원경을 독송한 까닭이며, 필경에는 자연히 고해를 벗어나 열반락(涅槃樂)을 얻게 되므로 큰 옹호를 얻는 것이니라."

제12품

보고 들어 얻는 이익된 품

그때 세존께서 정수리 위로부터 백천만억의 큰 호상광(毫相光)을 쏟아 놓으셨다.

이른바 백(白)호상광, 대백(大白)호상광, 서(瑞)호상광, 대서(大瑞)호상광, 옥(玉)호상광, 대옥(大玉)호상광, 자(紫)호상광, 대자(大紫)호상광, 청(靑)호상광,

대청(大靑)호상광, 벽(碧)호상광, 대벽(大碧)호상광, 홍(紅)호상광, 대홍(大紅)호상광, 녹(綠)호상광, 대록(大綠)호상광, 금(金)호상광, 대금(大金)호상광, 경운(慶雲)호상광, 대경운(大慶雲)호상광, 천륜(千輪)호광, 대천륜(大千輪)호광, 보륜(寶輪)호광, 대보륜(大寶輪)호광, 일륜(日輪)호광, 대일륜(大日輪)호광, 월륜(月輪)호광, 대월륜(大月輪)호광, 궁전(宮殿)호광, 대궁전(大宮殿)호광, 해운(海運)호광, 대해운(大海運)호광이었다.

정수리 위에서 이런 호상광을 놓으시고는 미묘한 음성으로 천·룡·팔부·인·비인 등 모든 대중에게 말씀하셨다.

"내가 오늘 도리천궁(忉利天宮)에서 지장보살이 인간과 천상에 이익을 주는 부사의한 일과 성현의 지위에 뛰어오르게 하는 일과 십지(十地)를 증득한 일과 필경에는 아뇩다라삼먁삼보리에서 물러서지 않게 하는 일들을 드높이 찬탄하리라."

이 말씀을 하셨을 때, 회중에 있던 관세음보살이 자리에서 일어나 무릎을 꿇어 합장하고 부처님께 아뢰었다.

"세존이시여! 이 지장보살마하살은 큰 자비를 갖추시고 죄고중생(罪苦衆生)을 가엾이 여기시어 천만억 세계에서 천만억 몸으로 화현하시며, 지니신 공덕과 부사의한 위신력을 저는 이미 들었나이다.

　세존께서는 시방의 한량없는 모든 부처님과 더불어 이구동성으로 지장보살을 찬탄하시옵는데, 어찌하여 과거, 현재, 미래의 모든 부처님이 그 공덕을 말씀하셔도 오히려 못다 하옵니까?

　또 앞에서도 세존께서 널리 대중에게 이르시며 지장보살의 이익에 대한 일을 찬양하고자 하심을 뵈었나이다.

　세존이시여! 현재와 미래의 일체중생을 위하시어 지장보살의 부사의한 일을 말씀하셔서 천·룡·팔부들로 하여금 우러러 예배하고 복을 얻게 하여 주시옵소서."

부처님께서 관세음보살에게 말씀하셨다.

"그대는 사바세계에 큰 인연이 있노니, 만약에 하늘이거나 용이거나, 남자이거나 여자이거나, 신(神)이거나 귀신(鬼神)이거나 육도의 어떤 죄고중생(罪苦衆生)이라도, 그대의 명호를 듣거나, 그대의 형상을 보거나, 그대를 흠모하거나, 그대를 찬탄한다면, 이 중생들은 모두가 위없는 도에서 물러가지 않고 항상 인간이나 천상에 태어나서 미묘한 안락을 다 누릴 것이며, 장차 인과가 익어지면 부처님의 수기를 받으리라.

그대가 이제 큰 자비로써 중생을 불쌍히 여겨, 내가 지장보살의 부사의한 이익에 대하여 밝혀 말하는 것을 듣고자 하는구나. 그대는 잘 들으라. 내가 이제 말하리라."

관세음보살이 말씀드렸다.

"그러하옵니다. 세존이시여! 즐거이 듣고자 하옵니다."

부처님께서 말씀하셨다.

"미래나 현재의 모든 세계 중에 어떤 하늘 사람이 누리던 천복(天福)이 다하여 다섯 가지 쇠퇴하는 모습(五衰相)이 나타나고 혹은 악도에 떨어지게 되었더라도, 이러한 하늘 사람이 남자든 여자든 그런 모양이 나타날 때, 혹은 지장보살의 형상을 보고 혹은 지장보살의 명호를 듣고서 한 번 우러르고 한 번만 절하더라도, 이들은 다시 천복이 더하여져서 쾌락을 크게 받고 영영 삼악도(三惡道)의 과보를 받지 않으리라.

하물며 지장보살을 보거나 듣거나 향, 꽃, 의복, 음식, 보배, 영락 등으로 보시 공양함에서랴. 이로써 얻게 되는 공덕과 복리는 한량없고 끝없으리라.

관세음보살이여! 또 만약 미래나 현재의 모든 세계에서 육도중생이 명을 마치려 할 때, 지장보살의 명호를 들려주어 그 한 소리만 귀에 들어가게 하여도,

이 중생들은 영원히 삼악도(三惡道)의 고통을 겪지 않으리라.

하물며 임종할 때 부모나 권속이 그 죽는 사람의 사택, 재물, 보배, 의복 등을 바쳐서 지장보살의 형상을 만들고 그리며, 혹은 앓는 사람이 죽기 전에, 길을 아는 권속이 그를 위해 그의 재산으로 지장보살의 형상을 만들고 그리는 것을 알려서 병자가 직접 눈으로 보고 귀로 듣게 함이겠는가.

이 사람은 지은 업보로 중병을 앓는 것이 마땅하더라도 그 공덕을 입어서 곧 낫게 되고 수명도 더하리라.

이 사람이 만약 업보로 명이 다하여,

지어 놓은 모든 죄장(罪障)과 업장(業障)으로 악도에 떨어지는 것이 마땅하더라도 그 공덕을 입어서 죽은 뒤에 바로 인간이나 천상에 태어나 아주 미묘한 안락을 누리고 모든 죄장도 다 소멸되리라.

관세음보살이여! 또 만약 미래세에 어떤 남자나 여인이 혹은 젖먹이 때나 혹은 두세 살, 다섯 살, 열 살 아래에 부모나 형제자매를 잃고서, 그 사람이 장성한 뒤에 부모나 권속들을 생각하고 그리워함에 어느 곳에 떨어졌는지, 어느 세계에 태어났는지, 어느 천상에 났는지 모르거든, 이 사람이 만약 능히 지장보살의 형상을 만들거나 그려 모시고,

그 명호를 부르며 우러러 예배하라.

 이와 같이 한 번 절하면서 칠일(七日)이 되도록 첫 마음이 물러가지 않고 예배하고 공양한다면, 이 사람의 권속이 설사 악업 때문에 악도에 떨어져 여러 겁을 지나게 될 자라도, 남녀 형제자매가 지장보살의 형상을 만들거나 그려서 우러러 예배한 공덕을 입어 곧 해탈하고, 인간이나 천상에 태어나 아주 미묘한 안락을 누리게 되리라.

 죽은 사람이 복력이 있어서 이미 인간이나 천상에 태어나 즐거움을 누리고 있다면 그 공덕으로 성스러운 인연이 더하여져 무량한 낙을 누리게 되리라.

이 사람이 또 능히 삼칠일(二十一日) 동안 일심으로 지장보살의 형상에 첨례하며 그 명호를 염하여 만 번을 채우면, 보살이 가없는 몸을 나타내어 그 권속이 태어난 세계를 다 알려주며, 혹은 꿈속에서 보살이 큰 신력을 나투어 친히 이 사람을 거느리고 여러 세계에 나아가서 권속들을 보여 주느니라.

또 능히 날마다 보살의 명호를 천 번씩 염하여 천 일(千日)에 이르면, 보살이 그가 사는 곳의 토지신을 시켜 종신토록 돌보게 하여, 현세에 의식이 철철 넘치고 괴로운 질병들을 없게 하며, 어떤 횡액도 그 집 문안에 들지 못하게 하거늘, 하물며 그 사람의 몸에 미치게 하겠는가.

이 사람은 필경에는 보살의 마정수기(摩頂授記)를 받으리라.

관세음보살이여! 또 만약 미래세에 어떤 선남자 선여인이 광대한 자비심을 내어 일체중생을 제도하고자 하거나, 위없는 보리도를 닦고자 하거나, 삼계(三界)에서 벗어나고자 한다면, 이 모든 사람들이 지장보살의 형상을 보거나 명호를 듣고 지극한 마음으로 귀의하며, 혹은 향, 꽃, 의복, 보물, 음식으로 공양하고 첨례하면 이 선남녀들은 소원이 속히 이루어지고 영원히 장애가 없게 되리라.

관세음보살이여! 또 만약 미래세에 어떤 선남자 선여인이 현재와 미래에 백천만억의 여러 소원과 백천만억의 여러 일들을 이루고자 하거든, 다만 지장보살에게 귀의하여 그 형상에 우러러 공양하고 찬탄하면, 그 모든 소원과 구하는 바가 다 성취되리라.

또 지장보살이 큰 자비로써 영원히 나를 지켜주기를 원한다면, 이 사람은 잠자는 꿈속에서 보살의 마정수기(摩頂授記)를 받으리라.

관세음보살이여! 또 만약 미래세에 선남자 선여인이 대승경전을 깊이 존중하여 부사의한 마음을 내어서 독송하고자 하는데, 비록 밝은 스승을 만나 가르침을 받아 익혀도, 외웠다가는 금방 잊어버려서 긴 세월이 흘러도 능히 독송하지 못하는 것은, 이 선남녀가 묵은 업장이 없어지지 않은 것 때문에 대승경전을 독송하는 성품이 없는 것이니, 이러한 사람은 지장보살의 명호를 듣고 형상을 보고서 본심을 다하여 공경하는 마음으로 그 사실을 아뢰고, 또 향, 꽃, 의복, 음식, 온갖 장엄구로써 보살을 공양하고, 깨끗한 물 한 잔을 하루 낮 하루 밤 동안 보살 앞에 올렸다가 합장하고 마시되, 머리를 돌려 남쪽으로 향하고 입을 댈 적에는 지극히 정중한 마음으로 해야 되느니라.

물을 마시고는 오신채(五辛菜), 술, 고기, 사음(邪淫), 망어(妄語), 살생을 칠일 혹은 삼칠일 동안 삼가면, 이 선남자 선여인은 꿈에 지장보살이 가없는 몸을 나타내어 이 사람 처소에서 관정수(灌頂水) 주는 것을 다 보게 되리라.

그 사람이 꿈을 깨면 바로 총명을 얻어서 경전을 한 번 들으면 길이 기억하여 다시는 한 글귀 한 게송도 잊지 않으리.

관세음보살이여! 또 만약 미래세에 어떤 사람들이 의식이 부족하여서 구하여도 원대로 안 되며, 혹은 질병이 많고, 혹은 흉하고 쇠퇴한 것이 많아서 집안이 불안하고 권속이 흩어지며, 혹은 빗나가는 일들이 많이 닥쳐서 몸을 괴롭히고, 잠결에도 놀래는 일이 많거든, 이러한 사람들이 지장보살의 명호를 듣거나 그 형상을 보고 지극한 마음으로 공경하며 만 번을 염하게 되면, 이 모든 여의찮은 일이 점점 없어지고 안락하게 되며 의식도 풍족하여지고 꿈에도 모두가 편안하리라.

관세음보살이여! 또 만약 미래세에 어떤 선남자 선여인이 혹은 생활에 필요해서나, 혹은 공적 사적인 일 때문에, 혹은 나고 죽는 일 때문에, 혹은 급한 일로 깊은 산림(山林)에 들어가거나, 강이나 바다 같은 큰물을 건너거나, 혹은 험한 길을 지나게 될 때에 이 사람이 먼저 지장보살의 명호를 만 번 염한다면 그가 지나는 곳의 토지신이 호위하여서 행주좌와(行住坐臥)에 언제나 편안할 것이며, 호랑이 사자 같은 온갖 독물을 만나도 능히 해치지 못하리라."

부처님께서 관세음보살에게 다시 이르셨다.

"이 지장보살은 염부제에 큰 인연이 있으니, 만약 모든 중생들이 보고 들어서 얻는 이익에 대하여 말하자면 백천 겁이 지나도 능히 다 말하지 못하리라. 이러하므로 관세음보살이여! 그대는 신력으로써 이 경을 유포하여 사바세계의 중생으로 하여금 백천만 겁토록 길이 안락을 누리게 하리라."

이때 부처님께서 게송으로 말씀하셨다.

내가 지장보살의 위신력을 관하나니
항하사 겁을 말하여도 다 말하기 어렵다
한생각 보고 듣고 우러러 예배하기
인간 천상 이익됨이 한량없으리

만약에 남자나 여자나 용과 신이
과보가 다해 삼악도에 떨어질 때
지심으로 지장보살에게 귀의하면
수명은 점점 늘고 죄장을 멸하리라

어렸을 때 부모형제 모두 여의고
그 혼신 태어난 곳 알지 못하고
형제자매 일가친족 풍비박산 흩어져
태어나고 성장해 온 그 사연 모를 때

지장보살 형상을 만들거나 그림 그려
슬픈 생각 첨례하며 잠시도 쉬지 않고
삼칠일에 끊임없이 지장보살 부르면
지장보살 가없는 몸 나타내어

그 권속들이 태어난 곳 보여주고
악도 중에 떨어져도 모두 건져내나니
만약 능히 첫 마음 물러서지 않으면
거룩한 마정수기 곧 받게 되리라

위없는 보리도를 닦고자 하거나
삼계의 괴로움을 벗어나려 하면
이 사람은 대비심을 내어서
지장보살 형상에 우선 먼저 예배하면

일체 소원 하루 빨리 성취되며
그 앞길 가로막는 모든 업장 사라지리
발심한 어떤 사람 이 경전 염하면서
여러 중생 제도하여 저 언덕 건네려고

부사의한 그 원력 비록 세워도
읽고는 금방 잊어버리는 것은
이 사람은 업장과 미혹 때문에
대승경전을 능하게 기억 못하니라

향과 꽃으로 의복과 음식으로
여러 완구로써 지장보살 공양하고
정결한 물 존상 앞에 올려놓고
하루가 지난 뒤에 마시려 할 때

지극한 마음으로 오신채 먹지 않고
술과 고기 사음 망어 삼가하며
살생 또한 하지 않고 삼칠일 지내면서
지장보살 그 이름을 지심으로 부르면

꿈속에서 보살의 거룩하신 모습 보고
깨고 나면 눈과 귀가 문득 밝아져
이 경전 가르침이 귓전에만 지나가도
천만 생을 다시는 잊지 않으리라

부사의한 지장보살의 위신력이
이 사람을 능히 이 지혜 얻게 하네

어떤 중생 빈궁하며 병이 많고
집안 기울어져 권속도 흩어지며
잠자는 꿈속에도 편치 못하고
구하는 것 어그러져 이루지 못할 때

지심으로 지장보살 형상을 첨례하면
일체악사 모두모두 소멸되고
꿈속까지 여지없이 편안하며
의식이 넉넉하고 착한 신이 호위하리

산림에 들어가고 바다 건널 때

악독한 짐승들과 악한 사람이
악한 신과 악귀들과 악풍들이
여러 가지 재난으로 괴롭힐 때

안온하신 지장보살 형상 앞에
지심으로 공양하고 첨례하면
이와 같은 산림이나 바다 속의
여러 가지 악한 것이 소멸하리라

관음보살 진심으로 내 말을 잘 들으라
지장보살 무량한 불가사의는
백천만겁 설하여도 못다 이르나니
지장보살의 이 위력 널리 전하소서

지장보살 명호를 사람들이 만약 듣고
거룩하신 형상에 지성으로 예배하고
향 꽃 의복 음식으로 공양하면
백천 생에 미묘한 안락을 누리리라

만약 능히 이 공덕을 법계에 회향하면
끝내는 부처 이루어 생사윤회 벗으리
까닭에 관음이여 빠짐없이 이 법 알아
항하사 모든 국토 두루두루 알리소서

제13품
사람과 하늘을 부촉하는 품

그때 세존께서 금빛 팔을 드시어 지장보살마하살의 이마를 어루만지시며 이렇게 말씀하셨다.

"지장보살이여!

그대의 신력은 불가사의하도다.

그대의 자비도 불가사의하도다.

그대의 지혜도 불가사의하도다.

그대의 변재도 불가사의하도다.

시방의 모든 부처님으로 하여금 그대의 그 불가사의함을 찬탄하시게 하여도 천만 겁 동안에 능히 못다 하리라.

지장보살이여! 내가 오늘 이 도리천궁에서 백천만억의 말로 다할 수도 없는 모든 불·보살과 천·룡·팔부의 크나큰 법회 가운데서 다시 부촉하노니, 그대는 삼계의 불집 속에서 아직 벗어나지 못한 모든 중생들이 하루라도 악도에 빠지지 말도록 하라. 더구나 오무간이나 아비지옥(阿鼻地獄)에 떨어져 천만억 겁이 지나도 벗어날 기약이 없게 하리요.

지장보살이여! 이 남염부제 중생들은 뜻과 성품이 정(定)한 바가 없어서 악을 익히는 자가 많고 비록 선심을 내어도 잠깐 사이에 곧 물러서며, 만약 악한 인연을 만나면 생각생각에 악이 더 늘게 되느니라.

이러므로 내가 이 몸을 백천억으로 분신(分身)을 내어 교화하고 제도하되 그 근성을 따라서 해탈시키는 것이니라.

지장보살이여! 내가 이제 은근히 하늘과 인간의 무리들을 그대에게 부촉하노니, 미래세에 만약 하늘과 인간의 어떤 선남자 선여인이 불법 중에 한 터럭, 한 티끌, 한 모래, 한 물방울만한 작은 선근을 심더라도 그대는 도력으로써 이 사람을 옹호하여 점점 위없이 닦아 헛되이 물러가지 말도록 하라.

지장보살이여! 또 미래세에 만약 하늘 사람이나 세간 사람이 업보를 따라 악도에 빠지게 된다면, 악도에 떨어질 적에나, 혹은 지옥문 머리에 이르러서도 이 중생들이 만약 능히 한 부처님 명호나 한 보살 명호나 대승경전의 한 구절 한 게송만 염하더라도, 그대는 신력과 방편으로써 이들을 구제하되, 이 사람 처소에 가없는 몸을 나타내어 지옥을 부수고 천상에 나게 하여, 미묘한 안락을 누리게 하라."

이때에 부처님께서 게송으로 말씀하셨다.

현재와 미래의 모든 중생들을
내 이제 그대에게 부촉하노니
대신통과 방편으로 제도하여서
악도에 떨어지지 않도록 할지니라

이때 지장보살마하살이 무릎을 꿇어 합장하고 부처님께 아뢰었다.

"세존이시여! 바라오니, 염려하지 마옵소서. 만약 어떤 선남자 선여인이 불법 중에 한 생각만 공경하여도 제가 백천 방편으로 그를 제도하여 나고 죽음에서 빨리 벗어나게 하오리다. 하물며 착한 일들을 듣고 생각생각으로 닦아 가는 자이리까. 이 사람은 자연히 위없는 도에서 길이 물러서지 않으리다."

그때 회 중에 있던 허공장보살(虛空藏菩薩)이 부처님께 아뢰었다.

"세존이시여! 제가 이 도리천에 이르러서, 부처님이 지장보살의 위신력이 불가사의하다고 찬탄하심을 들었나이다. 미래세에 만약 어떤 선남자 선여인과 모든 천·룡들이 이 경전과 지장보살의 명호를 듣고, 혹 그 형상에 우러러 절을 한다면, 몇 가지 복리(福利)를 얻게 되옵니까?

세존이시여! 바라옵건대 미래와 현재의 모든 중생을 위하시어 간략히 말씀하여 주옵소서."

부처님께서 말씀하셨다.

"자세히 들으라. 내가 마땅히 그대를 위해 분별하여 말하리라.

만약 미래세에 어떤 선남자 선여인이 지장보살의 형상을 보고, 또 이 경전을 듣고 독송도 하며, 향, 꽃, 음식, 의복, 보물로써 보시 공양하여, 찬탄하고 첨례한다면 스물여덟 가지(二十八種) 이익을 얻게 되느니라.

첫째, 하늘과 용이 지켜 줌이요

둘째, 좋은 과보가 날로 더함이요

셋째, 착한 인연을 만남이요

넷째, 보리심에서 물러서지 않음이요

다섯째, 의식(衣食)이 풍족함이요

여섯째, 질병이 닥치지 않음이요

일곱째, 수재 화재를 만나지 않음이요

여덟째, 도적의 액난이 없음이요

아홉째, 모든 사람이 보고서 흠모하고 공경함이요

열째, 귀신이 도와줄 것이요

열한째, 여자가 남자의 몸으로 태어날 것이요

열두째, 여자라면 임금이나 대신의 딸이 될 것이요

열셋째, 모양이 단정할 것이요

열넷째, 천상에 많이 태어날 것이요

열다섯째, 제왕이 될 것이요

열여섯째, 숙명통(宿命通)을 얻을 것이요

열일곱째, 구하는 바를 뜻대로 다 이룰 것이요

열여덟째, 권속들이 화목할 것이요

열아홉째, 모든 횡액이 소멸할 것이요

스무째, 업도(業道)가 영원히 사라질 것이요

스물한째, 가는 곳마다 통달할 것이요

스물두째, 밤에 꿈이 편안할 것이요

스물셋째, 선망부모가 괴로움에서 모

두 벗어날 것이요

스물넷째, 이미 지은 복을 타고 날 것이요

스물다섯째, 모든 성현이 찬탄할 것이요

스물여섯째, 총명하고 근기가 수승할 것이요

스물일곱째, 사랑하고 가엾이 여기는 마음이 충만할 것이요

스물여덟째, 마침내 성불할 것이니라.

허공장보살이여! 또 만약 현재와 미래의 천·룡·귀신이 지장보살의 명호를 듣거나, 그 형상에 예배하거나, 혹은 지

장보살의 본원(本願) 등의 일을 듣고 수행하며 찬탄하고 첨례한다면, 일곱 가지 이익을 얻게 되느니라.

첫째, 속히 성현의 지위에 오름이요
둘째, 악업(惡業)이 소멸됨이요
셋째, 모든 부처님이 곁에서 보호해 주심이요
넷째, 깨달음의 길에서 물러서지 않음이요
다섯째, 본원력이 더욱 커짐이요
여섯째, 숙명통(宿命通)을 얻음이요
일곱째, 마침내 부처를 이루리라."

이때 사방에서 오신, 말로 다할 수도 없는 그 모든 부처님과 큰 보살과 천·룡·팔부들이 석가모니 부처님께서 지장보살의 불가사의한 큰 위신력을 드높여 찬탄하시는 것을 듣고서, 일찍이 없던 일이라 하며 감탄하였다.

이때 도리천에는 한량없는 향, 꽃, 하늘 옷, 구슬, 영락을 비오듯 내리어 석가모니 부처님과 지장보살께 공양하였고, 법회에 모였던 모든 대중들은 다시금 우러러 절하고는 합장하고 물러갔다.

연명지장경(延命地藏經)

이와 같이 내가 들었다.

한때에 부처님께서 큰 비구승 만이천 인과 보살 삼만육천인과 더불어 구라다 산에 계시니 모든 하늘과 용과 야차와 사람 같으나 사람 아닌 중생들과 금륜 은륜 모든 륜왕들이 시방세계로부터 모여들었다.

그때에 부처님께서 대승의 무의행에

대한 말씀을 마치시니 이 법회에 참석했던 무구생이라는 한 제석이 부처님께 여쭈었다.

"세존이시여! 부처님께서 열반하신 후에 말법 시대의 중생들을 어떻게 구제하고 제도하오리까? 제가 감히 말세의 중생들을 위하여 알고자 하나이다."

부처님께서 무구생 제석에게 말씀하셨다.

"매일 이른 아침마다 일체의 정(定)에 들어 육도를 살피어서 고통을 덜어주고 즐거움을 증장시키는 한 보살이 있으니 이름이 연명지장보살이니라.

만약에 삼악도(三惡道)에 있는 자가 이

보살의 모양을 보거나 이름을 듣는다면 내생에는 사람으로 태어나거나 하늘에 날 것이며, 혹은 극락정토에 왕생할 것이니라.

삼선도에 있는 자가 이 보살의 명호를 듣는다면 이 과보가 곧 나타나서 내생에는 불국토에 날 것이며, 이 보살을 항상 마음으로 생각하는 자는 마음의 눈이 열려 반드시 불도를 성취하리라.

또한 이 보살은 열 가지 복을 갖추어 얻게 할 것이니라.

첫째, 여인이 편안히 출산함이요
둘째, 몸과 마음이 만족함을 얻음이요

셋째, 중병이 없어짐이요

넷째, 오래 장수함이요

다섯째, 지혜가 총명함이요

여섯째, 재물과 보배가 차고 넘침이요

일곱째, 사람들이 사랑하고 공경함이요

여덟째, 곡식이 풍성하게 익음이요

아홉째, 선신들이 보호함이요

열째, 아뇩다라삼먁삼보리를 증장함이니라.

또한 이 보살은 여덟 가지 큰 두려움을 없애줄 것이니라.

첫째, 비와 바람이 필요할 때에 오는 것이요

둘째, 죽어서는 타국에 태어나지 않음이요

셋째, 주변 사람들에게 배반을 당하지 않음이요

넷째, 해와 달을 가리지 않음이요

다섯째, 우주 법계가 변하지 않음이요

여섯째, 귀신의 침입이 없음이요

일곱째, 배고픔과 목마름이 일어나지 않음이요

여덟째, 국민에게 질병이 일어나지 않음이니라."

부처님께서 제석에게 거듭 말씀하시었다.

"미래세의 중생들이 이 경을 받아 지니거나 이 보살을 공경 공양하는 자에게는 백 유순 안에 재해와 환란이 없을 것이며,

악몽과 아름답지 못한 것이 없어지고,

또한 도깨비와 정기를 빨아먹는 귀신 등 모든 상서롭지 못한 것이 없어져 조금도 간섭함이 없을 것이며,

불법을 훼방하는 신이나 세월을 지키는 신이나 산신이나 나무신이나 강과 바다신이나 물의 신이나 불의 신이나 굶주림의 신이나 묘지신이나 뱀의 신이

나 주문으로써 저주하는 신이나 영혼신이나 길의 신이나 집의 신 등이 이 경전을 듣거나 이 보살의 명호를 듣게 되면 모든 삿된 기운을 토해내고 스스로 본래 공적함을 깨달아 속히 아뇩다라삼먁삼보리를 증득하게 되느니라."

그때에 무구생 제석이 부처님께 여쭈었다.

"세존이시여! 연명보살은 어떻게 육도중생을 교화하여 도를 얻게 하옵니까."

부처님께서 제석에게 말씀하시었다.

"착한 남자야, 모든 진리는 본래 공적한 것이므로 머무름도 없고 남도 없고 없어짐도 없는 것이나 인연에 따라 나는 것이니 형상은 한계가 있으나 성품은 한량이 없어서 넓은 인연으로써 득도케 하느니라.

연명보살은 혹은 부처님의 몸으로 나타나기도 하며,

혹은 보살의 몸으로 나타나기도 하며,

혹은 벽지불(辟支佛)의 몸으로 나타나기도 하며,

혹은 성문의 몸으로 나타나기도 하며,

혹은 범천왕(梵天王)의 몸으로 나타나기도 하며,

혹은 제석천(帝釋天)의 몸으로 나타나기도 하며,

혹은 염마왕(閻魔王)의 몸으로 나타나기도 하며,

혹은 비사문(毘沙門)의 몸으로 나타나기도 하며,

혹은 해와 달로 나타나기도 하며,

혹은 다섯별로 나타나기도 하며,

혹은 일곱별로 나타나기도 하며,

혹은 아홉별로 나타나기도 하며,

혹은 전륜성왕(轉輪聖王)의 몸으로 나타나기도 하며,

혹은 작은 나라의 왕으로 나타나기도 하며,

혹은 장자(長子)의 몸으로 나타나기도 하며,

혹은 거사(居士)의 몸으로 나타나기도 하며,

혹은 관리의 몸으로 나타나기도 하며,

혹은 부녀자(婦女子)의 몸으로 나타나기도 하며,

혹은 비구, 비구니, 우바새, 우바이의 몸으로 나타나기도 하며,

혹은 하늘이나 용이나 야차나 사람 같으나 사람 아닌 중생의 몸으로 나타나기도 하며,

혹은 명의의 몸으로 나타나기도 하며,

혹은 약초로 나타나기도 하며,

혹은 상인의 몸으로 나타나기도 하며,

혹은 농부의 몸으로 나타나기도 하며,

혹은 코끼리의 왕으로 나타나기도 하며,

혹은 사자의 왕으로 나타나기도 하며,

혹은 소의 왕으로 나타나기도 하며,

혹은 말의 형상으로 나타나기도 하며,

혹은 땅의 형상으로 나타나기도 하며,

혹은 산왕(山王)의 형상으로 나타나기도 하며,

혹은 큰 바다의 형상으로 나타나기도 하는 등 삼계에 존재하는 가지가지 모습으로 화신을 나투지 않는 것이 없으며, 가지 않는 곳이 없으니 연명보살의 법신은 이와 같으니라.

이 보살의 법신이 이와 같으므로 가지

가지 화신으로 육도를 살피어서 중생들을 미망에서 벗어나게 하느니라.

이 한 가지 착한 마음은 삼계에 능히 미치니 않는 곳이 없으니, 미래세의 중생들이 마음으로써 착한 일을 알면서도 마음을 내지 못할 적에 다만 일심으로 연명보살에게 예배하고 공양한다면 칼과 몽둥이로써도 이 사람을 능히 해롭게 하지 못할 것이며,

주문으로써 이 사람을 저주코자 하여도 능히 해치지 못할 것이며,

시체의 숲에 사는 귀신 등이 일어나 몸뚱이를 참나(眞我)로 착각하게 하려 하여도 이는 하늘을 향해 침을 뱉는 꼴

이요,

바람을 거슬러 재를 뿌리는 격이니 오물들은 결국 저주자에게 돌아가는 것과 같으니라."

그때에 무구생 제석이 부처님께 여쭈었다.

"세존이시여! 그 기상이 어떠하기에 이름을 연명보살이라고 하나이까?"

부처님께서 제석에게 말씀하시었다.

"착한 남자야, 참으로 착한 보살은 마음이 밝고 원만하여 대원경지 여의륜이라고 하며,

마음에 걸림이 없음으로 관자재라고 하며,

마음에 평등한 성품을 지녔으므로 연명이라고 하며,

마음의 중심이 흔들리지 않으므로 지장이라고 하며,

소홀한 곳이 없이 큰마음을 가졌으므로 대보살이라고 하며,

마음에 모양냄이 없어 큰일에 물러남이 없으므로 마하살이라고 하는 것이니,

너희들은 믿고 받아 지닐진대 분별하는 마음을 내어서 뜻을 흐리거나 망령되이 잊지 말지니라."

그때에 대지가 여섯 가지로 진동을 하면서 연명보살이 땅으로부터 나타나서 오른편 무릎을 땅에 대고 왼손에는 쇠

지팡이를 들고 부처님께 여쭈었다.

"제가 매일 이른 아침마다 일체의 정에 들어 모든 지옥에 들어가서 부처님이 아니 계신 세계 중생들의 고통을 여의게 하며,

금세나 후세에 부처님께서 열반하신 후에 부처님 말씀을 듣지 못하여 날마다 흉한 마음으로 불륜과 부정을 저지르는 모든 남녀에게 저의 복덕을 얻게 하여 부모에게 효도하고 스승과 어른에게 봉사하며,

말과 몸이 아름다우며,

국민이 미쳐 발광하지 않게 하며,

생명을 죽이지 않게 하며,

사음을 범하지 않게 능히 인도하오리다.

만약에 십재일이나 육재일, 또는 십팔일이나 이십사일 날만이라도 스스로 마음을 바르게 하고, 이 경전을 읽거나 내 명호를 부르는 자는 저의 법안으로 살펴 위신력을 베풀어서 업보를 떨쳐내고 과보를 나타내어 무간지옥에 떨어질 죄라도 없애 주어 아뇩다라삼먁삼보리를 얻게 하오리다.

제가 과거세로부터 한량이 없는 세월을 내려오면서 육도를 살펴 제도하는데 모든 중생의 법성이 한 가지이므로 시작도 없고 끝도 없으며, 차별이 없고 다른 모양이 아니며, 나고 머무르고 떠나고 멸함이 없어 얻어지는 것도 잃어버리는 것도 아닌데, 착하지 못한 생각이 일어나서 악업을 짓고 육취를 윤회하는 것이기에 세세생생 부모나 형제로 인연 맺었던 모든 중생들이 성불한 후에 제가 성불할 것이니라.

만약에 한 사람이라도 성불하지 못한 자가 있으면 저는 성불하지 않을 것이며, 만약에 금세나 내세에도 이 원이 이루어지지 않는다면 정각을 취하지 않겠나이다."

이때에 부처님께서 연명보살을 찬탄하여 말씀하시었다.

"착하고 착하도다. 참으로 착한 남자야, 내가 멸도한 후에 미래 악세의 죄고중생(罪苦衆生)들을 너에게 부촉하노니, 금세와 후세에 능히 착한 일로 이끌어서 손가락 한 번 튕기는 사이라도 악취에 떨어지지 않게 할지니라."

연명보살이 부처님께 아뢰었다.

"세존이시여! 염려하지 마옵소서. 제가 당연히 육도중생을 구하고 제도할 것입니다. 만약에 무거운 고통이 있는 자가 있으면 제가 대신 그 고통을 받을 것이며, 만약에 제가 고통을 대신 받지 못한 자가 있으면 저는 정각을 취하지 않을 것입니다."

이때에 부처님께서 게송으로 연명보
살을 거듭하여 칭찬하시었다.

착하고 착하도다. 연명보살이여!
중생들의 부모되고 아름다운 벗이되어
중생들이 생시에는 중생들의 신명위해
모든도움 끝도없이 베풀어줄 도사시여
중생들은 연명보살 부모되고 벗되어서
주는복혜 알지못해 명이짧고 복이없네
내멸도한 말법세엔 국토에는 재난일고
나라통치 잘못되어 국내정치 혼란하고
외적들은 침입하여 안과밖에 칼과무기
중생들을 겁을주고 상처내고 살육할때
일심으로 연명보살 생각하고 생각하면

금세에나 후세에나 어느곳에 있더라도
소원따라 모든것을 남김없이 이루리라
내가지금 중생위해 부촉하는 이설법은
모든때 모든곳에 모든중생 위함이라.

그때에 삼천대천세계가 여섯 가지로 변하며 진동하더니 문수사리보살과 보현보살과 금강장보살과 허공장보살과 성관자재보살마하살 등이 이구동성으로 부처님께 아뢰었다.

"세존이시여! 미래세의 중생들이 이 경을 듣거나 연명보살의 명호를 듣는 자가 있다면 저희들은 마땅히 중생들의 원하는바 뜻에 따라 마음의 눈을 밝혀 그 중생들 앞에 나타나서 원하는 모든 것을 원만히 성취시키오리다.

만약에 원하는 소원들을 이루지 못한 중생이 있으면 저희들은 정각에 들지 않겠나이다."

그때에 범천왕과 제석천왕과 사대천왕이 하늘에서 꽃비를 내리어 부처님께 공양하고 아뢰었다.

"세존이시여! 미래세의 모든 중생들이 스스로 마음을 바르게 하고, 미친 마음으로 시비를 벌이지 않으며, 상과 벌을 놓아버리고 이 경을 받아 지니거나 연명보살을 생각하는 자가 있다면, 저와 저희 권속들이 그 사람을 밤낮으로 떠나지 않고 보호하고 호위할 것이며, 그 나라의 국민들은 편안히 살 것이며, 곡식을 풍성하게 익히는 등 원하는 모든 것을 만족히 얻게 하오리다.

만약에 저들 중에 구하는 바 만족을 얻지 못하는 자가 있다면 그 세상에서 저희 이름을 보존코자 하지 않을 것이며, 본각으로 돌아가지 않겠나이다."

이때에 두 동자가 연명보살을 좌우에서 모시고 서 있었는데 좌측에는 백색 몸을 가진 장선동자가 백련꽃을 가지고서 법성을 다스리며, 우측에는 적색 몸을 가진 장악동자가 금강저를 가지고서 무명을 항복시키니 부처님께서 대중에게 이르셨다.

"너희들은 잘 알아라. 이 두 동자는 법성을 다스리고 무명을 항복받는 연명보살의 양팔과 양발이니 마음 가운데 변함이 없어 불국정토의 본체니라.

만약에 그 마음을 아는 중생이 있다면 욕심내고 성내고 어리석은 마음을 즉시 없애고 마음을 잘 다스리는 힘을 얻어서 불국정토에 태어남을 반드시 이루리라.

만약에 미래세의 모든 중생들이 연명보살을 공경하고 공양하면 한 점 의혹 없이 현세에는 원하는 모든 것을 모두 얻어 만족함을 이룰 것이며, 후생에는 극락정토에 왕생하여 나고 죽음이 없는 진여의 법성을 얻으리다."

　부처님께서 이 경을 설해 마치시니 이 법회에 참석했던 대중들이 큰 환희심으로 믿고 받아 지녀 받들어 행하였다.

지 장 경

1판 1쇄 인쇄 2021년 10월 10일
1판 1쇄 발행 2021년 10월 15일

옮 긴 이 청운 스님
발 행 인 임교택

편   집 김창현
디 자 인 오유인
발 행 처 꿈의날개

주   소 서울특별시 마포구 신수동 448-6 B-209호
출판등록 2008년 10월 25일
등록번호 제2-446호
ISBN 979-11-86131-21-3 03220
정 가 10,000원

판매총판 법우당
전   화 031-945-4533~6
팩   스 031-945-4537

· 잘못된 책은 교환해 드립니다.